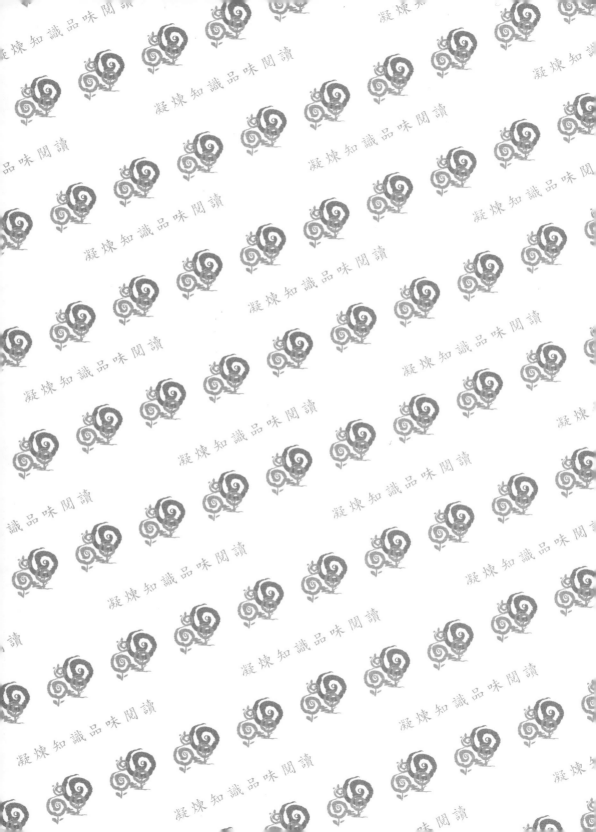

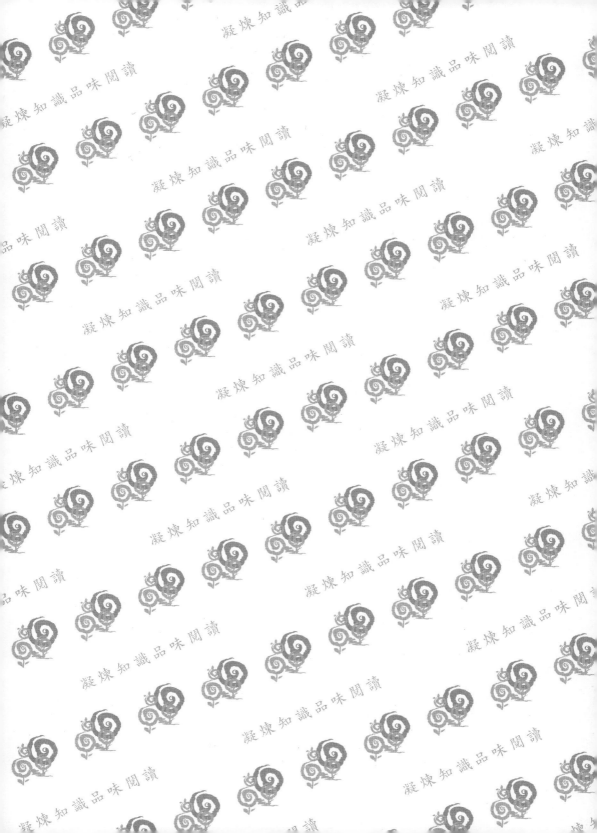

奧林匹克素養教育

成功運動員與教練／家長輔導手冊

許立宏、曾荃鈺　主編

五南圖書出版公司 印行

契機：讓奧林匹克素養教育成爲島嶼的正向力量

　　2019 年 6 月，中華臺北奧會從國際奧會主席 Bach 與國際奧林匹克學院院長 Kouvelos 手中，接過代表著奧林匹克教育全球推動有功人員獎項——雅典娜獎。這同時也代表了中華奧會過去 42 年來所推動的奧林匹克教育內容與方向深獲國際肯定，中華奧會也是當今世界上第五個獲頒此獎項的國家奧會。

　　中華奧會所辦理的奧林匹克研討會，過去 42 年來一直是每年臺灣奧林匹克教育的核心活動。隨著學員年輕化、數位科技的來臨，如何抓住奧林匹克的價值核心，卻又可以被不同世代的青年們接受的確是一大課題。過去中華奧會透過青年挑戰營與幹部培訓，從高中生開始，一直到大專院校端都有讓許多學生接觸到奧林匹克教育的常識與時事的機會。目前每年皆有辦理的奧林匹克研討會，除了基本核心價值及相關時事與活動的辦理外，我們真正所期待的目標與效應爲何？研討會結束後，有無延續性的相關活動？面對下一階段，我們的奧林匹克教育目標與內容又要用怎樣的姿態與面貌呈現給國人呢？

　　根據 1918 年紀錄在《洛桑日報》（325 期第 1-2 頁）的文獻，國際奧會創辦人古柏坦先生在第 7 屆現代奧運會結束後，曾在公開的奧林匹克書信中提到：奧林匹克教育的實現需要恆久的「生產中心」。意思是說，奧林匹克教育是建立在運動實踐過程中的一種生活原則，這既是追求超越，又講求適度；崇尚自身進取，也追求團隊和諧。每一個人，都可以透過運動的實踐來發展出平等、博愛、尊重等精神，這就是教育。而這樣的教育，每四年才一次，是遠遠不夠的。這就是爲什麼國際奧會在奧林匹克憲章中有提到奧林匹克學院的教育理念，認爲是延續奧林匹克精神的關鍵。

　　在國際奧會的奧林匹克憲章中，第 27 章第 2 點第 1 節提到國家奧會的任務：「國家奧會任務當透過各級學校、運動或體能教育機構，以及大專院校於其所在國的各級學校中，推廣奧林匹克教育，以發揚奧林匹克的基本原則與價值。同時，透過鼓勵設立奧林匹克教育機構，例如：國家奧林

匹克學院、奧林匹克博物館和其他與奧林匹克活動相關計畫或文化活動以達成推展目的。」而憲章也提到：「奧林匹克運動的目標是透過根據奧林匹克主義及其價值觀實踐的運動教育青年，為建設一個和平與更美好的世界做出貢獻。」這表示，奧林匹克不僅要促進人的健康發展，而且也要教育和培養人的德性品質。

基本上，奧林匹克運動員自己是否絕對不能只是當個參與者，更要有責任身先士卒，成為對社稷有貢獻、對國家有付出、對國民有負擔的人？奧林匹克精神的培育對象是否不應僅限定於運動員、教練或體育教師，還應包括政府組織的行政人員與普通民眾？因此，如何讓奧林匹克教育得以傳承延續，的確是值得我們體育工作相關從事人員所思考的一件事，除了體育署及奧會外，也需要更多有志之士來加以投入。除了成立一個永久性的國家奧林匹克學院及博物館機構外，我們是否也會希望有更多奧林匹克教材的編纂的可能性？課程教材可包含國小、中學（國中＋高中）、大學等不同階段的課程，同時也能與教育部新課綱素養導向健康與體育課程加以結合，讓奧林匹克教育可以進入學校教育課程中，具有更深入影響力。

很慶幸的，國立臺灣體育運動大學現任校長林華韋教授在上任時，便十分重視學生人格養成與奧林匹克的全人價值，臺體大也是目前全臺灣第一個（且唯一）將奧林匹克教育列為校定大二必修的學校。奧林匹克教育（Olympic Education）一門課從 2015 年開始在國立臺灣體育運動大學通識中心正式開課以來，已有 5 年之久的時間。此課程的設計係透過翻轉教學的方式，讓學生體會奧林匹克教育的核心價值；鼓勵學生走出戶外，親身去感受、體會，在做中學中獲得身心富足的滿足意義。在翻轉教室的課程討論當中激盪出想法的火苗，將教育的點點星光，持續的傳承、突破。臺體大奧林匹克教育所重視的不僅僅是學生運動員在場上追求卓越的成就表現，更期望參與者透過學習能夠具備國際觀點、多元文化價值、和平、倫理與美學的概念，達成培育出完整內在人格與健美身心的雙重目的。我們認為這些理想可促進學生向上提升之動力，而負有普世性的正向奧林匹克精神理念，也具有鼓勵年輕學生參與並促進運動在臺灣發展的可能。我們也相信若能將這些正向理念納入各級學校的必要或輔助課程，則有助於啟

發學生們多元化的思考整合能力，以幫助學生完成自我實現的可能。學期課程的內容目前有五大主軸：

(1) 奧林匹克與和平教育：運動會停戰協議、兩岸和平議題、人道主義、難民潮等

(2) 奧林匹克與多元文化教育：運動文化與族群和諧、包容與尊重議題等

(3) 奧林匹克與國際觀教育：國際移動力、東亞文化、全球視野等

(4) 奧林匹克與倫理教育：禁藥問題、運動暴力、運動哲學議題等

(5) 奧林匹克與美學教育：藝術鑑賞、美感塑造、獨立創作等

在過去 5 年推動此門課的過程中，我們也發現臺體大學生們的國際視野的確變得比較寬廣，知識也比以前更豐富。而在思辨相關議題如運動禁藥上，也透過辯論方式讓同學們的邏輯分析能力更提升。而透過兩次做中學的學習活動中，也讓學生們覺得有學習到團隊合作及創意思考的面向。

隨著 2008 年北京夏季奧運第一次在華人土地上舉辦，緊接著有 2012 年倫敦夏季奧運、2016 年里約夏季奧運、2017 年世界大學運動會在臺北、2018 年平昌冬季奧運及印尼亞運會的落幕。過去幾年期間，國人也透過各種媒體管道認識與學習到不少有關奧運及大型運動賽會舉辦的相關事物。而奧林匹克價值教育教材（Olympic Values Education Programmes, OVEP）[1]

1　筆者很榮幸曾受國際奧會邀請，參與此一課程計畫的初審評估工作。

在國際奧會近幾年的推動下，於全世界許多國家中，也欲求逐漸發展成為可以協助學校或各個社區運用相關的資源及活動，來作為跨領域教學與學習的機會。

由於國際體育運動社會瞬息萬變，隨著 2010 年第 1 屆在新加坡所舉辦的夏季青年奧運會到 2018 年第 3 屆夏季青奧會在阿根廷的布宜諾斯艾利斯舉行，研究社群所想要關注的是，像這樣的國際賽會是否對舉辦國當地運動的推展有無任何正面影響力？特別是，除了主辦城市以外的各地區年輕人的運動人口，是否會受到青奧會的影響而有所提升？因此未來所要關心的，不只是對參賽運動員的影響，也要對當地年輕人社群產生後續影響。亦即有無達到舉辦國城市或其他地區運動人員的提升，以及推動奧林匹克教育價值的作用。也因此，國際奧會認識到這一挑戰性，因而展開了 Olympic Agenda 2020 改革計畫。而針對此一改革，就在 2018 年青年奧運會舉辦前夕（2018/10/5-10/6），首次發起舉辦第 1 屆奧林匹克主義行動論壇（Olympism in Action Forum），主要的長遠目的是希望透過運動來建立一個更美好的世界。

針對這些方向，我們自問自己：奧林匹克教育在臺灣究竟該如何落地生根？如何結合一般學科與奧林匹克教育？我們應該如何運用奧林匹克教育與國際接軌？跨文化體育事務與運動政策內容差異上該如何轉換？優秀運動員有無任何社會與道德責任？成為教育典範的可能性與必要性為何？身為青年運動教練與家長，應如何扮演理想的角色與所需了解的倫理課題為何？成功運動員的思維、心智模式、內在素養等應如何培養？

雖然坊間已有類似相關的運動教練、心理學及教育的書籍或相關譯作，但能夠整合最新時事相關議題及關鍵參與夥伴（stakeholders）所應學習的教材還是不多，特別是涵蓋政府、學校體育組織、青年選手、青年運動教練及家長等從事體育運動的相關工作夥伴。因此，透過回答這一系列跨域的整合性問題，我們將更聚焦並思考能為臺灣的體育運動教育貢獻些什麼。我們認為以上也皆應屬奧林匹克素養教育（Olympic Literacy Education）所包括探討的核心範圍。

本書的撰寫，適逢國際奧會最新改革方案之政策，因而發想而提出寫作計畫。或許受到國內現行學術期刊、論文升等及獎勵所影響，國內願意投入專書寫作的高等教育學者愈來愈少，且非常耗時，但我們仍然認為這類實用且兼具啟發性的專書，還是具有一定的學術應用價值。本書除了主要兩位作者外，我們也另外邀請幾位專家學者來共同參與撰寫一本較貼近實用的青年運動員與青年運動教練輔導手冊，以作為奧林匹克素養教育的內容。我們搭配國際觀點與本土實例操作，希望能夠幫助國內年輕運動員及國高中體育班的青年運動教練與家長。全書內容主要分為三大部分。第一部分，我們寫給國內相關體育運動組織如政府與國家奧會，讓行政人員也可以了解到最新國際體壇趨勢與臺灣運動教育政策接軌。第二部分，我們的目標是寫給青年運動教練與家長，讓其了解理想教練哲學、倫理學在運動中所應扮演的角色。第三部分則是針對青年運動員，讓其了解自身選手的思維、心智模式、內在素養，成就自己被看見的一切。各章節內容茲簡要說明如下：

第一部分：寫給政府與國家奧會：了解最新國際體壇趨勢與臺灣運動教育政策接軌。分別有：

第一章國際奧會運動員輔助委員會簡介：本文適逢配合國際奧會最新2020改革方案之政策，並以優秀運動員的全方位輔助規劃為題，欲探究國際奧會針對優秀運動員所提供的多元輔助規劃方案為何？包括國際奧會運動員輔助委員會的主要責任與重要的計畫內容為何？此一委員會的優先政策為何？進一步也去了解國際奧會近期針對優秀運動員權利與責任宣言內容。希望透過此一初探與簡介，提供給我政府相關單位未來制定運動員輔導政策與運動員教育課程規劃之參考依據。

第二章青年奧運會的目標與未來：相較過去，今日體育運動在世界當中的角色是愈顯其重要性。因為每屆奧運會的舉辦，可將全世界成千上萬的運動員及數億的觀眾凝聚起來，並有助國際和平的推展。藉由此次論壇的開放性及多元角度討論，希望產生對運動、全世界有更多正面的影響與貢獻。運用體育運動來推動善事，國際奧會特別根據先前的 Olympic 2020 Agenda（奧林匹克 2020 改革議程）來舉辦此次第 1 屆奧林匹克主義行動論

壇（Olympism in Action Forum）。本文將論壇六個重要主題及二十個重點內容分享給國內體育界，也希冀對我國學校體育工作夥伴有所啟發。

第三章青年奧林匹克教育與國際觀的培養：本章將先以簡單的奧運基礎常識來介紹奧運的發源地，以及國際奧會組織與歷屆奧運作為開場。然後再從「奧林匹克與東亞觀點」為主軸，來論述東亞奧林匹克教育活動未來可走的方向，並延伸至臺灣大學生應具備的國際觀視野，希望使我們能在國際交流頻繁的今日做好準備，以迎接國際化所帶來的無限機會。

第四章典範運動員（奧運選手）的社會責任：有關運動員典範議題的文獻，運動哲學家 Randolph Feezell（2017）曾提出兩個問題：1.明星運動員都可當典範生嗎？2.明星運動員都具有特別的責任成為典範嗎？基於近來國際體壇與奧運會出現運動禁藥事件頻繁，我們真的能夠主張奧運選手（身為知名或明星選手）真的能夠被視為「典範生」嗎？奧運選手真的具有特殊的角色，扮演運動場域內外的典範嗎？本章目的不僅試著要加以闡述 Feezell（2013, 2017）所提的主張「明星運動員的特殊責任」（狹義及廣義角度），也想探討競技運動員，如奧運選手，所可能產生超越性的（道德及非道德）責任。

第二部分：寫給教練與家長：運動教練哲學、倫理學在體育中所扮演的角色。

第五章民主式教練哲學之解析：本章在探討民主式的教練概念，我們將探討 1950-1960 年代期間德國奧運划船金牌教練 Hans Lenk 思想如何運用及發展此一概念。我們希望能提供一個有效解決當今體育運動世界中所面臨的體罰暴力問題，以及運動員所要面對生涯轉換的兩個挑戰，並且也將檢視如何用對話及討論的民主教練模式此一理念來訓練運動員的思考技巧，以及用來解決現今運動社會真實情況所產生的問題。

第六章青年運動教練哲學與注意要項：身為一個教練其主要目的是去運用運動，來教導運動員成為一個更好的人。將當教練的過程視為一個可以改變運動員的行為標準，並將之提高到最好的境界。這不是一個教練可以選擇要不要做的課題，選手本身不會主動到教練面前產生這些特質，而是須經過教導與學習。透過體育運動競賽是除了家庭教育外，最適合呈現

這些學習的管道來學習尊重、責任、正直、僕人領導及運動家精神。本文將剖析解釋這五個核心價值如何幫助年輕運動員展現品格力。

第七章父母（家長）在競技運動中所應扮演的角色：子女漸漸長大獨立且開始形成有自己的判斷力，這時身為家長可能須考慮要如何持續介入及保持正面且不會產生衝突的互動關係，來保障他們真正的需求。國內外有許多孩子在12歲，也就是大約國小六年級左右就開始會有一些參與競技比賽的機會。本文透過運動教練品格專家提出一些建議，包括比賽前、賽中及賽後三個階段中，家長所須注意的相關事項。

第八章直到運動傷害貼近我：中途退出籃球運動員的運動雙生涯：本文用第一人稱方式來討論頂尖運動員如何圍繞著學業與運動兩邊的掙扎過程，即運動員所特有的雙生涯（dual career），採取研究者即敘說者的立場，說出「我為何運動就無法讀書，以及我讀書就無法運動」的故事。本文的另一個目的在於為所有因受傷而退出的運動員發聲，受傷運動員雖然不再繼續從事原本賽場的競技，但他（她）仍繼續在人生的生涯裡競技！

第九章青年運動教練倫理學：議題、行為準則與解決方式：本章目標在於釐清當今從事運動指導的青年教練當中，所較常發生的各種倫理議題（如不當管教、體罰、霸凌、性騷擾、禁藥、不當減重），以及這些行為所產生的後續效應，與如何採取更好的方法來解決或加以防範。同時，在本文中，我們也要強調，在教練倫理課題當中，若只是仰賴以遵守相關規定或行為規範準則（rule based）是不足的。

第十章金牌典範教練實例分享：許績勝。本章介紹金牌運動教練的故事，是一位臺灣馬拉松傳奇人物，創造了臺灣馬拉松紀錄保持——他是許績勝。1995年許績勝參加日本別府大分馬拉松，以31歲的年紀跑出2小時14分35秒的臺灣馬拉松紀錄，至今還無人突破這個紀錄。

第三部分：寫給運動員：選手的思維、心智模式、內在素養，成就你被看見的一切。

一共有七篇文章。撰寫的邏輯如下：第一篇是描述奧林匹克精神的學習，其實是一種生涯探索的過程。最後一篇寫的是什麼是奧林匹克素養教育，說明奧林匹克教育之所以有價值，是因為人的生命有限，運動員可

以在場上發光發熱，更是一種生命的延伸，而思考自己想要擁有怎樣的生命，是一種生涯規劃。中間的五篇文章，分別針對：

1. 專注力

2. 目標設定

3. 習慣養成

4. 跨領域自主學習

5. 選擇的原則

這五篇文章，都分成五個框架：

1. 名言警句：與主內容相關的句子。

2. 與自己對話：用像是詩、歌曲或是短文形式，希望可以像是一個引言，或是一個輕鬆的引導，讓大家輕鬆進入主文。

3. 國內外案例：這裡是主要內容，會從全世界各國的體育案例、與國內選手對話的過程案例，分享故事，並且讓大家可以感受到。

4. 操作練習：提供方法，如何做到這些國內外高手們可以做到的事情，提供步驟式的方法，讓大家可以跟著操作。

5. 運動員選書：選了一些與這些主題相關的好書，讓運動員可以參考。

我們希望透過本書提供給政府及學校相關單位，未來制定運動員輔導政策與運動員教育課程規劃之參考依據。奧林匹克素養教育的真正完整實現，其實是要懂得整合不同的力量，並且使之和諧共處、相得益彰。我們也必須與國際時勢立即接軌，並能將國際最新知識落實運用到關懷本土學生的身上與強化其應用及解決問題的能力。奧林匹克素養教育除了應讓更多人對正向的奧林匹克理念價值有所認識理解外，也希望讓年輕的學生運動員與教練、家長們能產生更深入多元議題探討，並提升解決問題的能力，同時讓社會各界更多人士關心國內外的體壇議題與提升親身參與運動的成就感，讓參與體育運動也可達成心理學者馬斯洛在需求理論中所提出的自我實現最高境界。

最後，要特別感謝參與本書的相關單位、作者與受訪者的參與。特別是五南圖書出版公司主編及教育部體育署學校體育的支持、本書共同作者曾荃鈺老師、日本體育大學關根正美教授、國立臺北教育大學胡天玫教授、臺灣體大許績勝教授、賴品樺、臺灣師大吳聲佶、Kathy Ko、梁生永等教師，以及過去修習過本人教練哲學與運動倫理學課程研究生所提供的見解。本書撰寫時間正值總主編有機會人生首次在國外訪問進修研究，在此也要特別感謝臺灣體大校長、兩位副校長及行政主管同仁的協助，通識中心同仁夥伴及中華奧會奧林匹克教育委員主委彭臺臨老師在這段期間所給予的支持與鼓勵。本書內文撰寫過程難免仍有資料尚未完整或辭不達意等未盡事宜，尚請讀者先進不吝隨時指正。感恩！

許立宏　敬上

運動是生命的感動！我們人生航行中遇到星月無光，暴風巨浪時，奧林匹克精神正如生命指南針，帶引我們航向希望之路。

彭臺臨
中華奧會教育委員會主任委員

運動具有一種力量，可以讓人生更美，讓世界更好。對人類而言，奧林匹克教育可以發展卓越、友誼與和平。

潘義祥
國立體育大學教授、臺灣運動教育學會理事長

沉著冷靜面對挑戰，享受每次比賽後的汗水，無論成功或失敗，不斷精進自我，欣賞他人的優點，並感謝每個支持你的人。

曾清芸
中華奧會教育委員會委員

競技運動是零和遊戲，一直以來都被社會與學校教育過度倡導，導致教練、運動員等相關組織人員，為求勝利不擇手段，使得臺灣違反運動精神風波持續發生。

奧林匹克精神，不只是參加過奧運選手才需要學習，政府機構、運動員、教練、家長、民眾，都需要共同接受奧林匹克素養教育，著重培養德行非過度求勝，才能真正讓人類非求生存，而是過上美好的生活。

張嘉哲
2012年倫敦奧運會馬拉松選手

目錄 CONTENTS

寫給政府與國家奧會

了解最新國際體壇趨勢與
臺灣運動教育政策接軌

Part I

第一章
國際奧會運動員輔助委員會簡介[1]

許立宏

許立宏

臺灣體大教授,中華奧會教育委員會委員,著有9本奧林匹克與運動倫理教育等專書,現任成人游泳國手。曾獲得多次臺灣成人泳賽冠軍。

專長:奧林匹克教育、運動倫理學、教練哲學、游泳、水球、重量訓練。曾參加過十屆大專盃泳賽及全運會水球賽,並獲得冠亞軍。指導過98學年大專盃泳賽乙組選手,並榮獲冠軍(榮獲第45屆中華嘉新體育特別獎)。

1. 本文撰寫過程中,承蒙並感謝臺灣體大校內研究計畫的補助,編號為108DG00115。主要內容曾刊登於學校體育雜誌8月號,在此也一併致謝教育部體育署授權使用。

一、前言

國際奧會 （International Olympic Committee, IOC） 屬目前全世界運作奧運會的重要組織及智庫，近來意識並關注到各國優秀運動員出路的問題。國際奧會近來也已發展出一套針對優秀運動員生涯發展的相關計畫課程 （IOC Athlete Career Program），內容包括教育、生活技能及工作聘任等三大項教材檔案，以及運動員生涯手冊及輔導問卷。主要在於確保運動員能夠經由這些課程得到最佳的工具指引，來幫助個人處理訓練、比賽上的事宜，以及身為一位優秀運動員如何迎接日常生活中所需面對的挑戰與機會。這三份教材係根據世界各國頂尖運動員、教練、各國家奧會、國際及各國運動聯合會所提供的寶貴意見所設計完成。這些課程可幫助運動員來完成以下幾個成功的生涯規劃階段：

- Prepare（準備）：認識並投入生涯發展過程。
- Discover（發現）：調查出個人的優勢與熱情。
- Research（研究）：發掘更多相關的資訊。
- Implement（執行）：發展出適合個人的生涯規劃的技巧，並開始「運作執行」此一計畫。（許立宏，2012）

本文適逢配合國際奧會最新 2020 改革方案之政策，並以優秀運動員的全方位輔助規劃為題，欲探究國際奧會針對優秀運動員所提供的多元輔助規劃方案為何？包括國際奧會運動員輔助委員會的主要責任與重要的計畫內容為何？此一委員會的優先政策為何？進一步去了解國際奧會近期針對優秀運動員權利與責任宣言內容。希望透過此一初探與簡介，提供給我政府相關單位未來制定運動員輔導政策與運動員教育課程規劃之參考依據。

二、國際奧會運動員多元輔助規劃方案簡介

國際奧會運動員委員會（The IOC Athletes' Commission） 為了反應 2020 奧林匹克改革方案（Olympic Agenda 2020 Goal）的目標，將運動員置於奧林匹克活動的核心並強化對運動員的協助與支持，此委員會扮演國際奧會與運動員之間的橋梁。此一組織提供國際奧會年會、國際奧會執委會及國際奧會主席在有關運動員事務的建議。主要**任務係在**確保運動員的想法，能夠作為奧林匹克活動運作決定的主要考量。

（一）國際奧會運動員輔助委員會（IOC Athlete's Entourage Commission）

聚焦在運動員與相關的人員之間的關係，如教練、經理人、管理者、贊助商、家人與朋友，其目標是提升對運動員的支持度。透過教育及所有相關成員的參與，幫助所有人認識自身可扮演對運動員發展的重要角色。

過去許多人可能會關注在教練的角色身上，但除了教練外，尚有許多人對運動員是可扮演支持者的角色，如物理治療師到家人與朋友，可能還有許多人可扮演協助者的角色來幫助運動員的成功。輔助運動員的成員包括任何對運動員有影響力，可協助發展生涯規劃及提升表現的人——不論是運動員在役或不在役期間的生涯。因此，除了家人、朋友及教練，也可以是經理人、管理者、體能訓練師、醫護人員、贊助商及律師等。

這裡很重要須強調的是，這些人必須是將運動員的福祉擺在第一位，以運動員的利益為中心，並且與運動員的關係是具有正面性的影響力。這也是國際奧會建立起運動員輔助委員會的主要理由。其目標在於保護運動員的利益來選擇對的協助者，並給予一些輔助教育來協助其發展出對的方向。

除了運動員 365（Athlete365）學習資源外，國際奧會也已建立許多實用資訊與此有關，提供許多短期課程來幫助運動員周遭的輔助者，讓他們協助運動員發揮到最大的效益與表現。

（二）運動員輔助者在做些什麼？

1. 教育運動員、教練與其他運動員輔助員。

2. 幫助國際奧會成為一個領導的專業組織，並且處理所有運動員輔助事務。

3. 整合所有運動員的相關輔助資源。

4. 提供國際奧會有關支持及保護乾淨運動員的諮詢建議，包括禁藥、放水、騷擾及虐待等情事。

5. 監督運動員在商業及媒體所日益漸增的各種契約（agreement） 及其所扮演的輔助角色。

（三）獲得家人最好的支持

一般來說，家人尤其是父母是運動員成長期間最好的支柱，也是訓練催促、添購器材、在旁加油及協助所有運動員成功的背後動力。但要確認的是，當運動員運動生涯正在發展進步之時，不論在運動場內或場外，也要確保家人的出現與影響不至於產生負面效應。國際奧會已發展出許多實用的點子來幫助運動員的家人，如何有效扮演運動員正面發展的角色。這些點子也包括如何與教練及其他的夥伴合作，如經紀人、管理者、贊助商及朋友所應扮演的有效角色。

三、國際奧會運動員輔助委員會主要責任與重要計畫內容

（一）責任

國際奧會近來將運動員的福祉放在推廣奧林匹克活動中，是最重要的核心。搭配 2020 改革計畫，國際奧林匹克運動員輔助委員會提供一個連結運動員與國際奧會的橋梁。委員會的主要責任如下：

1. 具體強化運動員在奧林匹克活動決策過程中的代表性。

2. 支持運動員在役與非在役的職涯發展。

3. 提升運動員在參與奧林匹克活動中的決策參與程度。

4. 確保運動員在奧林匹克活動決策的執行。

（二）五大項優先政策

國際奧會運動員輔助委員會，目前有一個四年期的計畫。

1. 背景

此一計畫勾勒出輔助委員會的任務，特別是針對 2020 改革議題內容與國際奧會運動員委員會之間的合作關係。此一計畫是經由 2017 年 11 月 9 日經過委員會同意後而開展。由於運動員才是奧運會的主角，輔助委員會必須要有清楚的工作方針與重心，以確保能發揮到最大效益。國際奧會執委會特別在 2017 年 9 月勾勒出未來運動員輔助委員會的優先順序：

⑴提升運動員輔助者在奧林匹克活動的自覺。

⑵與國際奧會運動員輔助委員會合作，提出支持運動員發展與運動及非運動相關的策略。

⑶支持奧林匹克活動相關的利害關係人，並促使他們成為合格且受過認可的運動員輔助者。

⑷支持運動員輔助者所要達成的性別平等目標。

⑸保護運動員免於在運動的環境中，遭受騷擾及受虐情事之發生。

2. 作法

⑴提高運動員輔助者在奧林匹克活動中的自覺

① 確保輔助委員會的任務、目標及優先順序完成事項。

② 積極參與討論並找出解決相關問題的方法。

③ 強化與國際奧會相關委員會之間的關係，如倫理、醫藥及科學委員會、團結基金會與婦女運動委員會，並確保與運動員輔助委員會相互合作，解決運動員所面臨的相關問題。

④ 積極促成運動員輔助委員會委員在各項運動比賽中，來擔任運動員輔助大使。

⑤ 每年頒發國際奧會教練終身成就獎項給一位女性及男性退休教練，以表彰他們對運動員人生與奧林匹克活動的傑出貢獻。

⑵與國際奧會運動員輔助委員會合作，發展出支持運動員有關運動及非運動的生涯策略

① 將運動員輔助者的角色當作是一個管道來發揮，達成最好的融合策略。

② 支持運動員職業上的轉職銜接到職場。

③ 將運動員輔助者的亮點可加以提出來。

④ 與國際奧會運動員職涯的課程及論壇加以整合與合作。

⑤ 運作年度與國際奧會運動員輔助委員會的會議。

⑶支持奧林匹克活動相關的利害關係人並促使其成為合格的輔助者

① 支持國際各單項運動協會及各國奧會來建立各國運動員輔助委員會或相關機構的成立，並發展一些教材。

② 持續提供線上學習材料來幫助運動員及運動員的輔助者。

③ 提供國際各單項運動協會及各國奧會一些有關幫助運動員的指引。

④ 增進對技術行政人員的自覺及教育機會。

⑤ 確保各單位組織能支持運動員的輔助成員，如運動表現中心協會、國際優秀教練及國際運動裁判協會，並發展與國際奧會支持運動員的合作計畫。

⑷支持運動參與者性別平等並達成平權的任務

積極動員輔助委員會去支持國際奧會對性別平等的計畫。

⑸促進運動員輔助者的角色扮演，並避免騷擾及虐待情事發生在運動場上

提供專業意見及經驗與相關資訊，來協助這類情況。

四、國際奧會對優秀運動員權利與責任宣言內容

　　國際奧會（IOC）在 2018 年 10 月 9 日於阿根廷布宜諾斯艾利斯所召開的年會中，採用了運動員的權利與責任宣言。這份宣言內容是蒐集來自 190 個國家與超過 4,200 位優秀運動員的意見與觀點所形成。其內容為一般性的基本原則，如此才能讓各種運動及各國彈性採納與接受。此一宣言包括十二條權利與十條責任，主題包括反禁藥、正直、乾淨運動、生涯、溝通、治理、歧視、騷擾及虐待等。此一內容也參考全球普世性人權宣言及國際人權準則來訂定，此一宣言文件也將作為奧林匹克憲章內的一部分，也象徵奧林匹克活動對運動員的支持與承諾。此一宣言也會因應時代變遷來與時俱進作修正。

　　此一宣言工作小組由 20 位運動員代表所組成。10 位來自國際單項運動協會，5 位來自國家奧會協會、1 位代表國際殘障奧運委員會，1 位來自世界奧運人協會與 3 位來自國際奧會運動員輔助委員會。在這宣言形成之前，分別做了兩次問卷調查。第一次參加的有將近 200 位運動員代表，分別來自 66 個國家與 77 個運動項目，並請他們提出一些相關的主題來討論。隨後第二次調查是在 2018 年 7 月，分別有 4,292 位參與者，來自 190 個國家並超過 120 個運動項目（包括 91 個奧運與殘奧項目）完成此一問卷，並分享他們對於不同議題的看法。同時，工作小組也諮詢一些奧林匹克活動的相關人士與專家。最後，於 2018 年 10 月 9 日提到國際奧會第 133 屆年會的執委會上來討論並加以定案。

（一）運動員的權利與責任宣言 （IOC, 2018）

1. 運動員的權利

　　此一宣言在於促進運動員的能力與機會：

(1) 參與運動練習與比賽當中，不受任何種族、膚色、宗教、年齡、性別及性傾向、殘障、語言、政治或其他意見、國家或社會出身、財產、出生或其他不可抗力身分背景所限制。

(2) 參與透明、公平及乾淨的運動環境，特別是對抗禁藥與比賽做假，

並提供透明的裁判與選拔過程，合理的比賽行程，包括訓練時間的運作等。

⑶ 能夠適時且清楚獲取運動員及與比賽相關的一般資訊。

⑷ 能夠在運動訓練期間，獲得運動相關的教育資訊及工作或進修的管道。

⑸ 能夠透過個人名聲獲得與運動職涯相關的收入機會，同時也會尊重智慧財產或其他權利、運動組織或活動規範及奧運憲章。

⑹ 公平及平等的性別代表機會。

⑺ 身心健康受到保護，包括公平的比賽、訓練環境及避免受到虐待與騷擾情事。

⑻ 在奧林匹克活動的相關運動組織中，能夠具有擔任運動員代表的選舉權。

⑼ 舉報不當倫理行為情事不會受到報復的恐懼。

⑽ 受個資保護的隱私權。

⑾ 表達的自由。

⑿ 正當程序的權利，包括在合理的時間內由獨立且公正的評判小組獲得公平的聽證，有權要求公開的聽證及有權要求有效的補救措施。

2. 運動員的責任

此一宣言鼓勵運動員：

⑴ 堅守奧林匹克價值與服膺奧林匹克主義的基本原則。

⑵ 尊重運動的誠正，並做一個乾淨運動比賽的運動員。尤其是切勿服用運動禁藥，並做假操縱比賽。

⑶ 根據國際奧會倫理規範來行事並勇於舉發不道德的行為，包括禁藥服用、操縱比賽、歧視行為及虐待與騷擾情事。

⑷ 遵守國家法律及運動組織選拔規則過程，以及競賽與國際奧會憲章。

(5) 尊重其他運動員的權利與福祉，不可歧視他人、運動員或輔助者、志工與所有其他在運動環境當中的人，並且不得運用比賽及典禮場合中運作及參加任何政治抗爭遊行。

(6) 遵守奧林匹克活動的團結原則，讓所有的運動員及奧林匹克活動成員能得到協助與支持。

(7) 扮演模範角色，包括推動乾淨運動。

(8) 有責任告知他人及自身的注意事項等義務。

(9) 當受到要求參與聽證時，有責任參加並提供相關的證詞。

(10) 參加並投票選舉運動員代表。

（二）宣言的重要性有三個理由

1. 產生對運動員的影響力

對全球運動員帶來效益，擴大運動員的聲音被聽見並給予支持與保護力量。運動員是運動的核心主人，會需要不斷支持的力量。

2. 處理重要問題

透過運動員的參與及合作來處理現今全球運動員所面臨的一些問題，如正直品格及乾淨的運動、治理與溝通問題、職涯與行銷問題、保護機制、運動比賽。

3. 形塑未來

透過運動員權利宣言的發聲，可平行提供未來運動當中對話的更多機會，進而改變運動的未來。

五、評論與結語

（一）評論

根據所蒐集的資料，我們了解到國際奧會運動員輔助委員會的主要責任與重要的計畫內容，以及此一委員會的五大項優先政策。進一步，我們也要了解到國際奧會近期針對優秀運動員權力與責任宣言內容。而針對運

動員所需教育及輔導的內容，國際奧會運動員 365 計畫當中也列出包括以下六大主題的探索：

1. 心聲：運動員輔助委員會及運動員論壇。
2. 幸福：身心健康與營養。
3. 財務：財務管理與贊助。
4. 職涯：雙職涯與銜接轉職 。
5. 比賽期：準備知識與運動員 365 方案。
6. 正直：乾淨運動與安全運動。

上述的主題皆已發展出如影音及線上教材內容，非常值得我體育運動及各級運動員與教練的教育主管機關來參考並加以運用。其中最重要的一個主題，是有關運動員轉職與銜接的問題。因為頂尖運動員在巔峰時期常有機會享受到眾人的青睞與鎂光燈焦點，但往往很難想像離開運動場外去過一般朝九晚五的日子。不過，離開運動場上是一件遲早會發生且必須面對的問題，因此所有運動員皆須面對新的生活與職涯。若能早一點準備會來得較容易應對，可預先計畫好；但也有可能因為意外或受傷情事發生，而必須提早面對。

職涯的課程當中已建立起線上資源、訓練機會與工作實習機會，好讓頂尖運動員成功的處理從運動中轉職到新的職業。這裡有三個重要的觀念及階段，必須先教育運動員來面對不可知的未來。

1. 準備轉職銜接

每位運動員皆應知道他們的運動職涯不可能是永久性，而且若早一點準備將能夠先拔得頭籌來考慮接下來要做些什麼工作。或許對現役運動員來說會覺得很奇怪為何須提前思考退役後的問題，但重點是永遠都不嫌早來準備這樣的轉職銜接。藉由提前規劃，將給運動員本身最佳的機會來做較順暢的轉職，以便迎接下一個階段的人生。

2. 發現自我

　　運動員不能單一狹隘的去認識自我，若覺得自己只是運動員，那將很難想像自身是否還有其他潛能。藉由探索自身興趣及學習動機，可以找到自己下一步想從事的工作。可重新回到自我充電的教育學習環境或找出專職的工作機會。這些工作不一定與運動產業有關，現實告訴我們，有許多奧運退役選手最後成為會計師、醫生、律師、演員、政治家及創業家。所以，運動員有無限大的可能性。一旦知道自己的方向為何，可以開始去了解自身所需學習及獲得的技能為何，並確保這些技能可轉移到工作的職場上，以便達到成功的計畫。其實運動員有很多在商場上可以達到成功的特質，有待自我發現。

3. 為成功來規劃未來

　　頂尖運動員其實很清楚的是，若要達到比賽成功一定要設立目標。同樣的，若知道接下來的目標為何，也可開始規劃下一個旅程如何進行。知道哪些技能或資格是所需要的，一旦知道那些清楚的目標，就會比較容易去達成這些目標。

（二）結語

　　就國內有關運動員生涯教育方面的課題研究，目前已成為重要研究的學術議題。然而以奧運優秀運動員為對象，並借鏡從國外專業組織觀點來協助發展我國運動員的生涯教育課程規劃的研究，目前並不多見。因此，希望本文能夠開啟相關之議題研究，並將理論與實際結合。

　　其次，就我國教育政策未來發展方面，我們希望各級主管機關能早點推動學生運動員生涯教育課程的發展，除了能夠增進我國學生對於運動員提前建立正確及廣泛的職涯認知外，讓學生運動員較無後顧之憂，專心練習，從而發揮更好的運動實力，也能避免將來出社會之後成為國家、社會的負擔。

　　最後，就長遠來說，我們也希望臺灣能夠成立一個**國家級運動員生涯教育及輔導中心**，每年能邀請國內外成功轉換跑道的退役運動員、輔導專家及企業組織來參與相關教育課程。或許在兩所體育大學內可設置奧林匹

克教育中心，與此一生涯教育結合在一起。假如這個計畫能夠實現，便能配合時代脈動，達成本土運動員較無後顧之憂的理想。最終還是希望能真正幫助到本土優秀運動員，在生涯轉換跑道可順利銜接。

▍參考文獻

許立宏（2012）。國際奧林匹克委員會運動員生涯輔導規劃初探與簡介。**國民體育季刊**，41(4)，28-39。

許立宏（2013）。社群輔助者對優秀（學生）運動員生涯發展的貢獻與重要性。**學校體育**，137，100-110。

許立宏、許孟勛（2013）。國際組織如何協助學生運動員進行生涯規劃之介紹。**學校體育**，138，107-118。

許立宏、許孟勛（2015）。**運動員的生涯規劃：運動逆轉勝**。臺北：冠學。

IOC (2018). IOC Athletes' Entourage Commission.

IOC (2018). The Athlete' s Declaration. http: Olympic.org/athlete365.

第二章
青年奧運會的目標與未來[1]

許立宏

許立宏

臺灣體大教授，中華奧會教育委員會委員，著有9本奧林匹克與運動倫理教育等專書，現任成人游泳國手。曾獲得多次臺灣成人泳賽冠軍。

專長：奧林匹克教育、運動倫理學、教練哲學、游泳、水球、重量訓練。曾參加過十屆大專盃泳賽及全運會水球賽，並獲得冠亞軍。指導過98學年大專盃泳賽乙組選手，並榮獲冠軍（榮獲第45屆中華嘉新體育特別獎）。

---

1. 本文主要內容曾刊登於學校體育雜誌2月號，感謝教育部體育署授權使用。

一、前言

　　國際奧會（International Olympic Committee, IOC）在 2007 年正式創辦青年奧運會（Youth Olympic Games），並以 14-18 歲的青年運動員為主要對象來運作賽會。青年奧運會又簡稱為 YOG，主要可被視為現代奧林匹克活動（Olympic Movement, OM）的現代化過程，也是回應過去許多對奧運會巨大規模的批判的改善方案。YOG 的具體目標主要是希望能將推動奧林匹克主義的種子散播到年輕人身上，並有機會讓全世界的年輕人藉此一盛會來討論、辯論及促進奧林匹克價值（Olympic Values, OV）實踐的可能性。

　　即使青年奧運會對許多人來說還是很陌生，且親臨現場觀看比賽或電視臺收視情況不像正規的奧運會如此受到關注，但從不同角度來看，許多學者也認為，這原本就不是舉辦青奧會的本意。因為青奧會主要的特色在於它所強調的教育活動面向。整個比賽或文化交流活動內容都是環繞在教育這個面向，或新興運動賽會的推展。青奧會也受到學者關注於運動員傳承與銜接的面向，以及所有對此一賽會活動的利害關係人的聯絡網。

　　不過，隨著 2010 年第 1 屆在新加坡所舉辦的夏季青年奧運會，到接下來所舉辦的 2018 年第 3 屆夏季青奧會在阿根廷的布宜諾斯艾利斯，研究社群所想要關注的是，像這樣的國際賽會是否對舉辦國當地本土運動的推展有無任何正面影響力？特別是，除了主辦城市以外的各地區年輕人的運動人口，是否會受到青奧會的影響而有所提升？先前已有學者對 2010 年新加坡青奧會舉辦前後幾個月做了些研究，了解當地青年社群對於國家榮譽是否有任何改變，以及對 2012 年在奧地利 Innsbruck 所舉行的冬季青年奧運會中，有關文化與教育活動內容的研究。這兩個研究都非常具有參考價值或貢獻，只可惜所研究的期程都過於短少，僅在賽前及賽後幾個月的調查。因此未來所要關心的，不只是對參賽運動員的影響，也要考量當地年輕人社群的後續影響，亦即有無達到舉辦國城市或其他地區運動人員的提升與推動奧林匹克教育價值的作用。

　　因此，學者 M. Schnizer 等人（2018）以下這三個問題將是關心青年奧運會未來發展所需討論的課題：

1. Does following the YOG influence the local youth's perception of the OV and the interest in the OM？

2. What role do different kinds of interventions by the local youth （e.g. attending the YOG on-site, following the YOG in media, participating in school programmes） play in terms of their perception of the OV and the OM？

3. Do other important determinants influence the adolescents' perception of the OV and their interest in the OM – and if yes, how？

　　學者 M. Schnizer 等人（2018）係針對 2012 年在奧地利 Innsbruck 的冬季青年奧運會所做的研究，研究結果也發現幾個重要意義值得我們參考：⑴YOG與舉辦國當地青年的參與對奧林匹克活動的推廣及賽會具有影響力，但青年公民對奧林匹克價值的認識上有其偏限性；⑵青年對於 OV 的認知與否主要是依據當地年輕人的社會人口背景、其對運動的興趣、社會資本（規範與組織信任）及年輕人所跟隨的不同媒體事件有關；⑶對於推廣 OV，諸如學校課程的設計與介入不能僅止於單向性獨立運作，還要結合相關資源來整體合作。

　　也因此，國際奧會認識到這一挑戰性，於 2014 年在舉辦過夏季與冬季四次青年奧運會後，了解到推動青奧會的困難性，因而展開了 Olympic Agenda 2020 改革計畫。而針對此一改革，就在 2018 年青年奧運會舉辦的前夕（2018/10/5-10/6），首次發起舉辦第 1 屆奧林匹克主義行動論壇（Olympism in Action Forum），主要的長遠目標是希望透過運動來建立一個更美好的世界。本次論壇透過許多建構式的對話方式與來自全世界各國各種專家團體（包括體育運動領袖、媒體、奧運得牌選手、聯合國領袖、國際奧會主席、聯合國前祕書長及諾貝爾和平獎得主、非政府組織成員、青年運動領袖、政府官員、專家學者、難民奧運隊成員、奧運城市首長及奧林匹克贊助夥伴等）來討論現今運動及社會當前最重要的課題。

　　本屆論壇舉辦地點特別選在阿根廷布宜諾斯艾利斯（青年奧運會會場），也就是在青年奧運會比賽地及開幕前兩天，有來自全世界二百多個

國家的有潛力的運動員來參加比賽。這兩項活動將為全世界愛好體育運動的人士，帶來新的思維及找出未來全球化運動的新發展趨勢。藉由此次論壇的開放性及多元角度討論，我們期待運動對全世界有更多正面的影響與貢獻。本次論壇討論主要議題如下（https：//www.olympic.org/olympism-in-action/agenda）：

- 如何保護乾淨的運動員及維護運動的純潔性？
- 城市為何應該舉辦奧運會？
- 運動如何協助達成聯合國永續發展的目標？
- 我們應如何對抗運動中的腐敗？
- 我們對未來運動的想像？
- 運動如何作為影響年輕人的工具？

本論壇參與的人員不僅有奧林匹克相關的專家人士，如各國的領袖及運動員與媒體，也會有對社會具影響力的組織團體，如NGOs、學術人員、商業團體、藝術人員等。論壇活動內容包括辯論、合作工作坊、運動展演、激勵性演講、文化慶祝、聯絡網建立機會等，也是一個歷史盛會。因為以前皆無這樣的機會將許多各界人士聚集在一起，公開討論如何透過運動來建立一個更好的世界。這些討論出來的觀點與經驗分享，將會改變未來的運動。本次論壇也將提供各國參加代表與世界各國領袖、組織代表及專家學者交流的機會。

附表

歷屆夏季青年奧運會

屆次	年分	舉辦城市	舉辦國家	開幕日期	閉幕日期	參賽國家	選手數量	運動項目	比賽項目
1	2010	新加坡	新加坡	8月14日	8月26日	204	3,524	26	201
2	2014	南京	中國	8月16日	8月28日	203	3,579	28	222
3	2018	布宜諾斯艾利斯	阿根廷	10月6日	10月18日	206	3,997	32	241

歷屆冬季青年奧運會

屆次	年分	舉辦城市	舉辦國家	開幕日期	閉幕日期	參賽國家	選手數量	運動項目	比賽項目
1	2012	因斯布魯克	奧地利	1月13日	1月22日	69	1,059	7	63
2	2016	里爾哈默	挪威	2月12日	2月21日	71	1,100	7	70
3	2020	洛桑	瑞士	1月10日	1月19日	79	1,788	8	81

相較過去，今日體育運動在我們世界當中的角色是愈顯其重要性。因為每屆奧運會的舉辦，可將全世界成千上萬的運動員及數億的觀眾凝聚起來，並有助國際和平的推展。藉由此次論壇的開放性及多元角度討論，希望產生對運動、對全世界有更多正面的影響與貢獻。運用體育運動來推動善事，國際奧會特別根據先前的 Olympic 2020 agenda（奧林匹克 2020 改革議程）來舉辦此次第 1 屆奧林匹克主義行動論壇（Olympism in Action Forum）。

茲將論壇**一些重要主題**及**幾個重點內容**分享給國內體育界，也希冀對我國學校體育工作夥伴有所啟發。

二、論壇主要議題與重點摘要

1. 奧林匹克停戰的力量

重點內容：奧林匹克停戰的傳統主要在呼籲各國保證在奧運會舉辦期間，能讓所有的運動員及觀眾通行安全無阻。即使在許多艱困的戰亂情況下，奧林匹克停戰的訴求仍然配合 3000 年前古希臘所闡揚的理念，並依據奧林匹克所提倡的幾個核心價值如和平、團結與尊重來加以推動。2018 年韓國平昌的冬季奧運會運作兩韓組隊成功，是推動奧林匹克主義價值實踐的重要里程碑。大會特別邀請聯合國前祕書長潘基文前來見證說明此一成功的典範，或許值得兩岸參考借鏡。

聯合國前祕書長潘基文

2. 女性參與運動

重點內容：過去百年來女性參與運動的比例已有很大的進展，男女平權與性別平等爲當今普世性的主流價值，也是聯合國永續經營發展的主要推動目標。主辦單位特別邀請幾位推動性別平權有成就的專家，來分享個人經驗與見解。

3. 對抗運動禁藥

重點內容：奧林匹克活動及全世界的各種組織，目前皆有責任確保體育運動比賽及其環境皆應公平且乾淨。我們要如何確保藥檢的獨立性且不會受到利益衝突？我們要如何打破「沉默法則」，並鼓勵更多人勇於站出

舉發違規的情事？如何在打擊運動禁藥的過程中，去維持運動員的公民權利與個人隱私的平衡？本場次討論邀請不同背景的運動員及官方人員來討論與運動禁藥相關最具批判性的議題，因為此議題將會影響整個奧林匹克活動及世界體壇的未來發展。

4. 運動與人權

　　重點內容：今年是全球人權宣言 70 週年紀念年，所有有關人類平等與尊嚴的相關法律與條文及原則，都有明文的文件皆已公諸於世。本場次論壇著重討論運動與人權的特殊關係，並探索運動及其價值可否運用在推動世界人權且強化普世性對人的尊重。

工作坊（4 場同步進行）

4.1a 保護運動員： 運動禁藥倫理學

　　重點內容：運動禁藥產生出許多倫理課題，會因為時空背景及觀點的差異性而產生變化。生物倫理學家透過新的角度來檢視此一值得討論或辯論的議題，目標在於挑戰參與者的主張並產生非預期性的討論。兩位參與的與談人認為，現行的運動禁藥問題已超越一般性的藥檢查緝的技術課題，且是整個國家環境及文化氛圍的問題，必須從寬廣且複雜性的角度來看待此一課題。

英國兩位運動倫理學專家（Prof. McNamee 和 Prof. Miah）參與運動倫理學的討論

4.1b 保護運動員： 教育及規範

重點內容：從較嚴格的管制到教育，現行有許多工具或方法可以有效來遏止運動禁藥的發生。講者提供了一些具體可行的防範措施供大家參考。

4.2 運動下注及操控比賽

重點內容：運動下注與對比賽操控會影響運動比賽的純潔性。本場次討論各種運動的下注型態之存在方式，以及法律規範如何運用，以避免操控比賽及組織犯罪與運動的連結。

4.3 避免運動騷擾及虐待

重點內容：研究及一些證據顯示，當前運動文化當中的確有騷擾及虐待情事發生，這也同時突顯運動組織所缺乏的相關保護政策及措施。運動組織有一個很重要的任務便是去運作、執行相關措施，以避免所有騷擾及虐待情事的發生。

4.4 運動與人權

重點內容：運動組織賽會活動，尤其是大型規模的賽會活動，通常會影響到許多不同族群。不論是興建場館的工人、或周遭受影響的市民、或報導比賽的記者等，身為體育運動工作事務人員皆有責任來維護所有參與人的尊嚴。本工作坊討論了哪些已做的工作及哪些工作尚待努力。

5. 活力市民與健康社區

重點內容：本活動提出一些較具體的建議來協助運動與健康產業相互合作，以對抗非傳染性的疾病，並針對城市居民而提出解決之道。本場次

由城市官員、各項組織、非政府組織及運動組織分享他們從較大的生態系統，來執行政策的經驗及活動內容。與會者皆有機會集思廣益並腦力激盪來思考一些問題，並提出更好的點子與具體方案。

6a. 成本、遺產及新的規範： 辯論

重點內容：邀請到幾位世界級經濟學者與專家，討論降低舉辦奧會的成本，並辯論還有哪些措施可運作來降低成本且較靈活的策略。

6b. 巴黎奧運及洛杉磯奧運的亮點

重點內容：舉辦大型運動賽會活動經常是經由當地政府想要運用此一盛會來做一些城市意象的改變，不論是藉此增加觀光收入、擴充交通網路設施或提升該城市的全球能見度地位等。賽事運作組織主要成員在此一工作坊分享理念與經驗，以確保奧運會舉辦城市具有強大的力量。

7. 永續經營透過運動

重點內容：邀請到不同運動員從滑雪、衝浪到登山及帆船運動，來分享我們對自然環境應採取的態度與作為。這也是為何環境保護對運動員、運動協會組織、私人產業、非政府組織及主要運動賽會是很重要的課題。本場次提出具體個人親身經驗及相關組織如何透過運動，有效改變環境保護及永續的運作方式。與會者也有機會反思運動對環境所造成的影響並提出創新的方法，讓運動對聯合國所提出的幾個環境宣言目標做出貢獻。

A. Climate Action （環境行動）— "Take urgent action to combat climate change and its impact."

B. Life Below Water （水下的生命）— "Conserve and sustainably use the oceans, seas and marine resources for sustainable development."

C. Life on Land （生命與陸地）— "Protect, restore and promote sustainable use of terrestrial ecosystems, sustainably manage forests, combat desertification, and halt and reverse land degradation and halt biodiversity loss.".

8. 舉辦奧運會： 城市觀點

重點內容：舉辦奧運會的理由對一個城市或國家來說，有很多吸引之處。從正面的預期效應包括明顯的及不明顯的，或對當地社區來說可能具有活化效應。如可以刺激觀光，並帶動本土的經濟及建設發展與機會。然而，有鑑於以往的經驗，我們也發現成本過高、浪費資源及腐敗等情事，讓許多城市對爭取主辦奧運會望而卻步。本場次的與會者分別提出舉辦奧運會的正反面論證，並以親身經驗告知所有與會者過去及未來奧運會所可能面臨的挑戰。

9. 為參與運動權而戰

重點內容：邀請來自巴基斯坦出生在恐怖分子出沒的壁球選手Maria，分享她勇敢戰勝並克服先天女性在回教國家參與運動的惡劣環境。藉此經驗鼓勵全世界的女性，我們可以透過運動來爭取更多的性別平等機會。筆者有幸與她親自面談數次，覺得她的故事值得分享給國人，希望將來有機會邀請她來到臺灣。

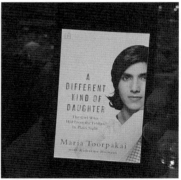

與巴基斯坦運動員及女權鬥士Maria 合影

10. 運動組織的純潔

重點內容：透過與會者的對話了解到運動中的一些腐敗狀況，鼓勵全球的交流對話並強調所有組織內部的透明機制。我們必須建立一種跨國組織的普遍信任機制，來對抗各種腐敗的情況發生。本次論壇也提出一些成

功方案及故事告知與會者如何保護組織的純潔性，同時也保持繼續改革的動力。

11. 青年奧運 2018：布宜諾斯艾利斯

重點內容：奧運會及青年奧運會如何成為舉辦國的當地領袖，如何運用並提供空間及機會來鼓勵人們參與運動。

12. 運用籃球的力量來教育與影響青年

重點內容：世界上有許多草根性的組織運用運動，來為當地社群做一些改革推動的事務。本次論壇的分享者是運用籃球活動「**Shooting Touch**」，來推動 Rwanda 這個國家女性及其家庭受到更好的尊重，並將健康教育及避免青少年犯罪的情況降到最低。

13. 運動的未來

重點內容：本場次邀請一些非傳統運動參與者來討論最新的一些身體活動，如跑酷（parkour）、極限飛盤（ultimate frisbee）到電競運動（eSports）等時下年輕人最喜歡的一些活動。討論內容有何謂運動及運動員的定義為何？運動在 50 年後會是什麼樣的情況？最新科技及文化趨勢對運動的影響力在未來奧運會將扮演哪些角色？

14. 柔道推動和平

重點內容：國際柔道協會是推動世界和平很重要的一個組織。本場次活動是由國際柔道協會透過教育及其延伸性活動，來推動國際間避免衝突。本場活動舉出幾個實際成功案例，包括伊朗、土耳其到中國及阿根廷。

15. 難民運動員的旅程

重點內容：全世界目前大約有 6,500 萬人口處於衝突的狀態下，這個世界正處於變化快速的狀況且充滿挑戰性，所以目前有許多各種層次的問題有待各國政府及組織儘早處理並找到解決方案。本場活動特邀參加過 2016 年里約奧運比賽的奧運難民隊來分享他們的歷程，以及運動所帶給他們的機會。

16. 滑板運動的教育及影響力

重點內容：本場次也是邀請草根性運動滑板選手代表來分享其藉由滑板運動，在阿富汗、阿根廷及南非的教學與教育帶給當地年輕人的成果分享會。

17. 社會融和與和諧社會

重點內容：今日這個世界到處受到移民、難民及不同文化與信念的衝擊，許多弱勢族群也受到忽視。本場工作坊討論如何透過體育運動來搭起彌補的橋梁。

18. 透過運動來運作社會創業

重點內容：透過運動力量來改變社區及人們的思想與生活行為一直以來不斷被採用，但要從永續經營的觀點來運作則是近來的課題。本場次在鼓勵全球青年用創新思維來運作社會企業的概念，並勇於嘗試似乎看起來不可能的任務。與會者學習到具體的概念與執行方法來解決創業的問題。

19. 粉絲的未來

重點內容：現代科技及潮流正在影響整個體育運動的思潮及消費型態的改變，也帶動運動迷或粉絲參與運動的各種方式。尤其是隨著社群媒體與網路的發達，各種運動相關組織也必須重新評估對運動組織及賽會呈現的運作。我們必須了解到年輕人的想法及對奧運會所產生的接受度。AR 與 VR 對粉絲經驗的改變為何？廣播電視、奧林匹克夥伴及相關活動如何適應調整未來閱聽人的欲求？都在本場次活動有所討論。

20. 教育

重點內容：適度運動不僅對健康有助益，也可提供許多技能發展的機會給年輕人來開創未來。本場次的討論著重在非政府組織、國家奧會、城市官員及各運動協會如何教導奧林匹克價值的運作，以及如何透過運動來發展技能。

三、結語：青年奧運會的未來使命（運動結合文化與教育）

國際奧會在 2007 年正式創辦青年奧運會（Youth Olympic Games），並以 14-18 歲的青年運動員爲主要對象來運作賽會。青年奧運會又簡稱爲 YOG，主要被視爲現代奧林匹克活動（Olympic Movement）的現代化過程，也是回應過去許多對奧運會巨大規模的批判的改善方案。YOG 的具體目標主要是希望能將推動奧林匹克主義的種子散播到年輕人身上，並有機會讓全世界的年輕人藉此一盛會來討論、辯論及促進奧林匹克價值（Olympic Values）實踐的可能性。

即使青年奧運會對許多人來說還是很陌生，且親臨現場觀看比賽或電視臺收視情況不像正規的奧運會如此受到關注，但從不同角度來看，青奧會主要的特色在於它所強調的**教育活動面向**。整個比賽或文化交流活動內容都是環繞在教育這個面向，或新興運動賽會的推展。青奧會也受到學者關注於運動員傳承與銜接的面向，以及所有對此一賽會活動的利害關係人的聯絡網。

未來我國體育運動的發展也應將觸角延伸到各種產官學的面向與組織團體及專家人士，就如此次論壇所邀請到的各國領袖及運動員與媒體，以及對社會有影響力的組織團體，如 NGOs、學術人員、商業團體、藝術人員等。我們也可比照多舉辦一些論壇活動，內容包括辯論、合作工作坊、運動展演、激勵性演講、文化慶祝、聯絡網建立機會等。這些討論出來的觀點與經驗分享，將有助於改變我國未來體育運動的發展。我們應更積極運用各種資源來成立奧林匹克博物館及奧林匹克研究中心，並將奧林匹克教育列爲各級學校的必修課程或輔助課程內容。若能向下扎根，將正向的奧林匹克價值教育推動到各級中小學，並結合青少年學生運動員的品格或態度教育，則會更完善。相信以上這些資訊也有助於對我國體育政策的發展，並提升我體育運動界教師及教練的國際視野。

與國際奧林匹克學院教務長及德國科隆體育大學
奧研中心主任合影

與國際奧會奧林匹克中心主任及教育主管合影

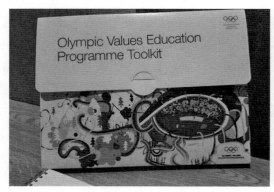

國際奧會運動員宣言及奧林匹克價值教育最新教材

▎參考文獻

Martin Schnitzer, Janette Walde, Sabrina Scheiber, Roman Nagiller & Gottfried Tappeiner (2018). Do the Youth Olympic Games promote Olympism？Analysing a mission (im) possible from a local youth perspective, *European Journal of Sport Science*, DOI: 10.1080/17461391.2018.1458906

第三章
青年奧林匹克教育與國際觀的培養

許立宏

許立宏

臺灣體大教授，中華奧會教育委員會委員，著有9本奧林匹克與運動倫理教育等專書，現任成人游泳國手。曾獲得多次臺灣成人泳賽冠軍。

專長：奧林匹克教育、運動倫理學、教練哲學、游泳、水球、重量訓練。曾參加過十屆大專盃泳賽及全運會水球賽，並獲得冠亞軍。指導過98學年大專盃泳賽乙組選手，並榮獲冠軍（榮獲第45屆中華嘉新體育特別獎）。

1.　本文主要內容曾刊登於學校體育雜誌2月號，感謝教育部體育署授權使用。

一、前言

隨著科技進步與社會繁榮，國際化的**趨勢**已愈來愈明顯，為因應此一**趨勢**，民眾必須培養出國際觀。但是許多人對於國際觀的培養有著相當嚴重的誤解，認為具備國際觀，就是要具備外國語言的能力。事實上，語言的具備只是培養國際觀的一項工具，它並非是必要的，但對於國際觀的培養有著相當大的助益。2004年雅典奧運，臺灣選手陳詩欣於跆拳道女子組第一量級，為我國拿下奧運史上的第一面金牌，但是有多少民眾知道跆拳道的發源地？或許還有許多人不知道是韓國，以及對於此一國家近年來突飛猛進之各方面成就與我國之間的關係。

如果，我們平日很重視這些有關國際社會、東西文化或國際事務的問題，願意注意、了解、關心的話，相信自然而然就會開拓出非常高遠及宏觀的國際觀。國際觀就是我們對國際社會，對整個世界的一種態度、一種認知能力，或者說是一種眼界、視野或意識。而生活在今天這個天涯若比鄰的社會，國際觀的培養建立實在是太重要了。

近幾年來不斷有許許多多的教育學者，不斷地提出新世代國民國際觀培養的重要性，以及年輕人究竟是否具備著正確的國際觀等，突顯出教育界對於國際觀相當的重視，且認為有它學習的必要性，但是現今的大學生又有多少是擁有正確國際觀呢？

四年一次的奧林匹克運動會是一場跨國界、不分種族且具包容力的運動賽事，它不僅是一場運動賽事，更結合了運動行銷、媒體、藝術與文化等活動，其帶來的經濟效益極為可觀，因此世界各國皆極力爭取主辦權，希望能藉由這場賽事振興經濟，並吸引大量的觀光人潮，且對一個國家的政治、社會、文化及教育方面有一股振奮的力量。因此，臺灣的各級學校至少可以藉每年的奧運會前後時期來推動校園國際化的相關活動。

本章將先以簡單的奧運基礎常識來介紹奧運的發源地，以及國際奧會組織與歷屆奧運作為開場。然後再從「奧林匹克與東亞觀點」為主軸來論述東亞奧林匹克教育活動未來可走的方向，並延伸至臺灣大學生應具備的國際觀視野，希望使我們能在國際交流頻繁的今日做好準備，以迎接國際化所帶來的無限機會。

二、奧運國際觀基本常識

（一）奧林匹克發源地

　　希臘是西方文明的發源地之一，希臘人的生活和文化離不開宗教與神話。他們認為只有將人類最美好的超群力量、健壯的軀體、高超的技藝、勇猛的意志、真誠善良的道德全部獻給諸神，才能表示自己對神的崇敬與感激，才能實現美好的願望。因此祭神活動在古希臘人的生活中，占著極重要的地位。古希臘人對神明侍奉膜拜，在祭壇前向神靈奉獻最精湛的技藝，顯示身體和精神的健美，後來就逐漸形成賽會活動。當時最主要祭祀神明的四大集會活動，有祭獻天神宙斯的奧林匹克競技會、祭獻太陽神阿波羅的皮西安競技會、祭獻海神波西頓的依斯米安競技會、祭祀大力士神海克拉斯的尼米安競技會。其中希臘人認為宙斯是眾神之主，擁有至高無上的權力和力量，因此祭祀天神宙斯的奧林匹克競技會，也就特別受到重視。上列四大集會活動，形成每年在不同地點舉行的傳統，剛好 4 年輪到一次，輪到奧林匹克競技會時，規模特別盛大，這也就是後來形成奧林匹克運動會 4 年舉辦一次的由來。不過當時的運動會僅開放給希臘公民且必須是自由的男士，也就是說奴隸、女人及外國人不能參加比賽。之所以禁止婦女參加和觀賞奧運會，是由於當時的人認為婦女參加對神明相當不禮貌、觀看男性沒有穿衣服在比賽有傷風化等傳統。

　　現代奧運會是由法國人古柏坦爵士所創立。要了解他的行為，我們必須了解到他所經歷過的時代。十八世紀時，當一些考古學家發現奧林匹亞的遺址時，使得許多人對古希臘奧運會開始產生興趣。在十九世紀時，許多想要嘗試恢復古希臘運動會的舉動便發生了；例如在法國、英國及雅典〔希臘〕，不過這些運動會仍舊屬於本土性而不具有對更廣闊世界性的影響。

（二）國際奧會

　　洛桑是由一座羅馬古城發展成為現今的模樣，因為城市歷史悠久，城市內至今仍然保留不少古老建築物，沿著舊城旁邊的木梯拾級向下走，便

由一個古意盎然的山頂景區，轉眼來到一個車水馬龍的現代化商業中心，途中只花了十幾分鐘，那種時空轉移，令人感覺猶如走入了時光隧道般。從市中心乘坐洛桑特有的迷你地下電車，再往下走便到了風光如畫的日內瓦湖畔，這裡的湖濱地區叫烏希港，早期是一個小漁村，現在已經成為一個著名的休閒度假區。當年，古柏坦談到選擇瑞士洛桑作為國際奧會總部所在地時，曾給予高度評價，認為它具有發展各項體育運動的自然條件，擁有奧運會辦公總部所需要的一切。

瑞士洛桑為奧林匹克的首都（洛桑火車站）

　　國際奧會總部起初設在法國巴黎。因第一次世界大戰爆發，於1915年遷入風光秀麗、氣候溫和的瑞士洛桑。這裡有以古柏坦名字命名的大街、小巷、體育場等，又是眾多單項國際體育組織總部所在地，被譽為奧林匹克城或奧林匹克之都。

　　國際奧林匹克委員會簡稱國際奧會IOC，創立於1984年6月23日的巴黎會議。它是一個依據國際法所組成的團體，其主要任務是管理及促進近代奧林匹克運動會的發展。國際奧會的成立宗旨：⑴鼓勵各種運動和運動比賽的組織與發展；⑵鼓勵及領導運動，藉以促進及加強各國運動員間之友誼；⑶使奧運會按時舉行；⑷建設一個更完美的和平世界。

　　奧林匹克的信條「更快、更高、更強」係鼓勵運動員要繼續不斷參加運動，努力求進步，而奧運會最主要的意義重在參加，而非獲勝。想要舉辦奧運的國家，首先必須獲得所屬國家奧會NOC的同意，再向國際奧會IOC申請。IOC會將申辦國家的資料提供給世界各國的委員參考，之後由申辦國家提出舉辦的計畫書，再由委員投票選出地點。而委員們會依照申辦國的場館、人民對奧運的支持度、國情和財力，來票選出此屆的奧運主辦國。國際奧會也會提出藥物使用規定、使用藥物的界定值，以及禁止使用的藥物。（中華臺北奧林匹克委員會，1986）

（三）歷屆奧運會大事紀

- 1896 年第 1 屆雅典奧運會：沒有任何女選手參加，成為奧運史上唯一一屆沒有女性運動員參與的奧運會。

- 1900 年第 2 屆奧運會在法國巴黎舉行：11 名法國女選手成為首次參賽的女運動員。

- 1904 年第 3 屆奧運會在美國聖路易斯舉行。

- 1908 年第 4 屆奧運會在英國倫敦舉行：這一屆的賽事中曾出現不少違規行為，因此產生了「奧運意義在於參加而不在獲勝」的名言。

- 1912 年第 5 屆奧運會在瑞典斯德哥爾摩舉行：首次採用電子計時器、終點攝影設備和廣播系統。

- 1916 年因第一次世界大戰而被迫取消。

- 1920 年第 7 屆奧運會在比利時安特衛普舉行：代表世界五大洲的奧運會會旗首次在體育場內升起，並首次舉行選手宣誓。

- 1924 年第 8 屆奧運會在法國巴黎舉行：選手人數首次突破 3,000 人，女選手也首次超過百名之多。

- 1928 年第 9 屆奧運會在荷蘭阿姆斯特丹舉行：正式承認女子參加奧運會的地位。

- 1932 年第 10 屆奧運會在美國洛杉磯舉行：奧運會的選手村首次為美國所啟用。

- 1936 年第 11 屆奧運會於德國柏林舉行：首次出現火炬接力隊。

- 1940 年第 12 屆奧運會：原定 1940 年在日本東京舉行，但因日本侵略中國而改至芬蘭的赫爾辛基，而不久蘇聯軍隊侵入芬蘭，此屆比賽取消。

- 1944 年第 13 屆奧運會原定在英國倫敦舉行，因第二次世界大戰而取消。

- 1948 年第 14 屆英國倫敦奧運會：二次世界大戰戰敗的德國和日本被奪取參賽資格。

- 1952 年第 15 屆赫爾辛基奧運會：蘇聯隊第一次參賽，並奪得 22 面金牌屈居美國之後。
- 1956 年第 16 屆墨爾本奧運會：臺灣以「中國奧委會」名義參賽，中國大陸沒有理會。
- 1960 年第 17 屆羅馬奧運會：臺灣的楊傳廣奪得十項全能銀牌，是首名奧運會獎牌的華人。
- 1964 年第 18 屆東京奧運會：首次利用衛星向世界各國轉播大賽實況。
- 1968 年第 19 屆墨西哥奧運會：臺灣紀政成為首位亞洲女子田徑獎牌得主。
- 1972 年第 20 屆慕尼黑奧運會：巴勒斯坦恐怖分子闖入選手村挾持以色列選手，引發奧運史上最慘痛血腥事件。
- 1976 年第 21 屆滿地可奧運會：奧運史上首次由兩人同時執行點燃奧運火焰的畫面。
- 1980 年第 22 屆莫斯科奧運會：美國發動抵制莫斯科奧運會的運動，抗議蘇聯入侵阿富汗，有 64 國或地區響應。
- 1984 年第 23 屆洛杉機奧運會：蘇聯為報復西方國家而抵制奧運會，另外 14 個國家或地區一同跟進。奧運會首次以「商業手法」經營，創造 2 億多美元的盈利。
- 1988 年第 24 屆漢城奧運會：加拿大 100 公尺飛人班‧強森服用禁藥，被驅逐出賽會。
- 1992 年第 25 屆巴塞隆納奧運會：參賽選手首次突破 1 萬人大關。
- 1996 年第 26 屆美國亞特蘭大奧運會：197 個國家或地區的 10,700 多名選手參與，成為規模最大的一屆奧運會。
- 2000 年第 27 屆雪梨奧運會：首次突破 200 個國家或地區一同參賽的奧運會。
- 2004 年第 28 屆雅典奧運會：雅典奧運籌委會總管及希臘文化部副部

長佩卓莉亞透露，本屆奧運花費最少也有160億美元，這已是當初政府編列46億美元奧運預算的3倍，是經營虧損最嚴重的一年。

- 2008年第29屆中國北京奧運會：為中國首次獲得主辦權。此次奧運會，最終中國獲得的獎牌數高居參賽各國之冠。

- 2012年第30屆英國倫敦奧運會：本屆奧運是英國第三次舉辦此一盛會。前兩次分別是1908年與1948年。

- 2016年第31屆巴西里約奧運會：首屆在南美洲所舉辦的夏季奧運會。

- 2021年第32屆日本東京奧運會。

資料部分來源：王建臺（民92）。女性參與奧林匹克活動之變遷。《國民體育季刊》，**32**（1），頁33-35。

三、奧林匹克與東亞

我們身處在東亞，就必須了解到在1964年東京、1988年漢城及2008年北京奧運會，這三個城市皆分別舉行過夏季奧運會，事實上，近來整個國際焦點已轉向東亞地區的奧林匹克活動的舉辦上。例如：2018年冬季奧運就再次回到韓國平昌，而接下來，2021年夏季奧運又再次回到日本東京，緊接著2022年的冬季奧運會也將在北京舉行。不可避免的，奧林匹克教育作為奧林匹克活動之一部分，也會再度受到更多空前未有的注意。

在世界運動的中心舞臺，從東亞的觀點來看，奧運會一直被認為與**西方帝國主義（Western imperialism）、歐洲中心主義及商業主義（Eurocentrism and commercialism）**[1]**掛勾**，並且，經由全球化的發展，**地區主義（regionalism）、國家主義（nationalism）及全球主義（globalism）**已不斷有人在強調。不論這些所謂的主義（ism）對運動世

1　與商業主義相關，有人可能會主張業餘運動精神或主義也應包括在本文當中來討論。不過，這已不再是奧林匹克活動的主要問題。對於更進一步有關業餘主義之討論，請見先前的文章 Hsu, L. (Hsu, 2003). "For the Love of the Game: A reconsideration of Amateurism in Society. Kinesiologia Slovenica.9, 2, pp. 17-27".

界是好或壞，的確是一個值得辯論的問題。無疑的，這些名詞定義是由人們所賦予，並且假如這些概念被用在良善的情況，值得稱許。但假如這些名詞被誤用或誤導，並產生一種意識型態如「勝利就是一切」（winning is everything）的概念、或「為達目的不擇手段」（win at all costs）、或我們的國家比其他國家優秀、或種族優越感等，這樣就會對我們的運動發展產生危險情況，如此也會影響到一般的運動教育體系。這樣的思維，我把它稱為「excessive-ism」（極端主義）。

所以，在此我們有一個關切的課題，或者說至少有一點擔心，也就是憂慮我們未來的努力方向是否正確？我們是否在正確的軌道上面？這個問題特別是與東亞各個地區有關，因為這與這些地區過去長時間受到殖民的悲劇歷史有關。北京奧運會的巨大口號為「同一個世界，同一個夢想」（One World, One Dream），以及「世界給我們 16 天，我們給世界 5000 年」（The world gives us 16 days; We give the world 5000 years）已顯示出東亞未來的潛力，特別在中國身上——一個崛起的威力。因此，我們所需要的是以一個相當批判性、比較性及哲學性的進路，來看待我們所面臨的當前局勢。

在考慮上述的一些問題，首先，必須提醒具有影響力的東亞國家奧會人員、政策制定者及運動教育家們，我們必須了解到在運動賽會本身與奧林匹克教育活動中是否還有一道鴻溝（或**誤解概念**）？

前北京體育大學的任海教授（2004: 77）在 2003 年已提到中國的奧林匹克教育中的主要問題，為媒體過於強調運動技能的表現。媒體可以為一般大眾扮演一個推動奧林匹克教育不可分割的角色，但也可能誤導大眾並將焦點放在運動員的表現上，而忽略了奧林匹克倫理及社會價值。東亞另一個重要國家為日本，日本教授 Sanada（2004: 88）也指出，在日本奧林匹克活動長期以來被當作是在爭取主辦奧運會的工具。不過，在大部分的情況下，教育活動並未在奧運會後繼續推動下去。而在韓國，直到目前為止並無特別的奧林匹克教育課程在體育課程當中（Bahng, 2004: 79）。假如我們相信奧林匹克運動有其教育價值，那這個鴻溝必須儘快的填補起來。

因此，接下來我們提出兩個問題來澄清奧林匹克主義與東亞之間的關係。

- 奧林匹克主義在東亞（Olympism in East Asia）：西方帝國主義（Western imperialism）、歐洲中心主義（Eurocentrism）及商業主義（commercialism），是否能被東亞的奧林匹克教育活動所擁抱？
- 奧林匹克主義屬於東亞（Olympism for East Asia）：地區主義（regionalism）、國家主義（nationalism）及全球主義（globalism），是否適合於東亞的奧林匹克教育活動？

爲了回答這些問題，我想要先從這幾個名詞定義來著手。

四、奧林匹克主義在東亞：西方帝國主義、歐洲中心主義及商業主義

或許我們應從這幾個名詞做以下的批判分析。一般來說，訴諸字典不是一個很好的哲學動作，只有在偶爾情況下可以引用一下。 不過我們還是得從某處開始，在仔細考量後，筆者以 *Webster's Encyclopedic Unabridged Dictionary of the English Language* (1996) 爲基準，因爲此字典較適合學生、作家及專業人員使用。

（一）西方帝國主義及歐洲中心主義（Western imperialism and Eurocentrism）

"Imperialism": "the policy of extending the rule or authority of an empire or nation over foreign countries, or of acquiring and holding colonies and dependencies." (Webster, 1996: 960)

「將一個帝國或國家的規定或權威政策延伸至其他國家之上，或者強制於殖民地或附屬國中。」

> *"Eurocentrism": "Considering Europe and Europeans as focal to world culture, history, economics, etc."* (Webster, 1996: 669)
>
> 「將歐洲及歐洲人當作是世界文化、歷史及經濟等的中心焦點。」

　　從過去到現在，一直以來有一些學者認為由於奧運會是從古希臘西方文明所孕育出來，因此會覺得是屬於西方帝國主義或歐洲中心主義的產物（cf. McNamee, 2006）。不過，這兩個意識型態並未適用奧林匹克教育活動的哲學當中，因為前者強調用強大的威權來壓制其他國家；後者則是基於單一角度來看世界，這樣卻無法被視為普世性價值。因此，上述兩者可被視為一種「極端主義」（excessive-isms），所以這是不能夠被接受的。

　　我已在別處主張（Hsu, 1999: 254）雖然奧林匹克主義的理念是從古代奧運會所衍生而來，且經由法國古柏坦先生所採用，此一精神不需要被視為非西方社會的異化產物。奧林匹克主義的普世價值一般來說，已由一些學者將它綜合如下（Parry, 1999; Wigmore, 1999）：

- Tolerance（寬容）
- Solidarity（團結）
- Respect for others（尊重他人）
- Fair play（公平競爭）
- Equality（平等）
- Taking part（參與）
- Friendship（友誼）
- Non-discrimination（無歧視）
- Character development（品格發展）

　　Wigmore（2007）最近又提出一個主張：奧林匹克主義可作為一種公民哲學。一些支撐良善公民品質的價值為：合作、忠誠、誠實、團隊合作、公平競爭、友誼、信任及競爭。

雖然在這幾十年當中有許多對奧林匹克主義的主張與詮釋，但從更深一層的角度來看，奧林匹克主義具有因時因地而做調整的概念，以便能夠在不同文化社會中可被用在生活當中。就 2008 年夏季奧運再一次於東亞舉辦的事實來看，已提供了我們亞洲人來保存並散播西方源起之運動，同時也藉此可讓亞洲的傳統體育運動讓全世界各國有所了解（如太極拳）。正如日本奧林匹克活動的先驅 Kano 先生（引用自 Prof. Sanada, 2004: 89）在很久以前所提的：「傳統運動具有心智上及社區價值」，**並且將奧林匹克主義與東方傳統運動文化型式相結合，可以對東亞的奧林匹克教育活動的未來發展有實用性的貢獻。**

（二）商業主義（commercialism）

"Commercialism": It is also seen as a kind of "excessive-ism" that puts "a commercial attitude in noncommercial affairs; inappropriate or excessive emphasis on profit, success, or immediate results." (Webster, 1996: 411)

商業主義：也被視爲一種「過度主義」，係將「商業態度放在非商業事務上，不適當或過度強調利益、成功或立即結果。」

奧林匹克教育活動是否應被視爲一種純商業活動？筆者不認爲如此。美國奧林匹克學者 MacAloon（2004）已提醒我們「運動行政的全世界專業化是一件好事，但我們必須協助確保提醒奧林匹克官方人員在追求金錢及金牌的同時，必須爲更多的社會、文化及人類福祉的目的來服務。假如無法達到此目的，那麼運動再也不能算是奧林匹克，即使我們將最好的運動員送去奧運會比賽也是一樣……參與奧林匹克學術教育與研究的大學教授具有提醒所有參與奧林匹克活動的人員，有關奧林匹克主義的眞正意義（p. 48）。」

總結來說，西方的帝國主義、歐洲中心主義及商業主義在東亞的奧林匹克活動中並無生存的基礎。

五、奧林匹克主義是否屬於東亞： 地區主義（regionalism）、國家主義（nationalism） 及全球主義（globalism）？

　　運動員與教練或訓練員可在奧運會中，扮演一些重要角色。他們可以在其一生中展現奧林匹克主義的價值，不過他們也可能會受到贊助商或一些組織的影響[2]。這些組織可以是其主管運動的行政機構，如學校、俱樂部、協會、國家奧會及政府等。可以從一個地區層次至一個國家層次，並且一直到國際水準層次。就此來看，很重要的是我們可就此去分析運動員、教練及其相關贊助者之間的關係。以下便是分析奧林匹克主義的倫理價值，是否可在東亞間於不同的意識型態中呈現。

（一）地區主義（regionalism）

1. The principle or system of dividing a city, state, etc., into separate administrative regions. 2. Advocacy of such a principle or system. 3. Devotion to the interests of one's own region. (Webster, 1996: 1623)

1. 將一個城市或國家區分為幾個行政區域的原則或系統。2.對於這樣一個原則或系統的擁護。3.對於一個區域的興趣之投入。

1. 運動員之間

　　在西方的地區層次中，運動員大部分皆為地區性的俱樂部會員，這是以社區為基礎的層次。這些地區運動員通常比較容易發展出較好的團隊友誼並關心彼此，特別是以團隊為主之運動項目。這些運動員很容易建立起良好感情，且有時甚至會產生一個長期的、且互相關心的友誼。舉例來說，筆者有一些尼德蘭朋友因為年輕時加入當地的運動俱樂部，因而結交

2　有關組織（贊助商）的問題與其如何影響一個活動（如運動）的內存善，可以從 MacIntyre（1981）所寫的作品來看，更進一步需要參考的作品，為他的著作 After Virtue. London: Duckworth.

許多球友，並成爲終身好朋友。這只是在尼德蘭許多地區運動俱樂部其中的一個例子。

　　在東亞的臺灣，地區性體育運動的發展不是透過社區運動俱樂部的模式來發展，而是透過學校體系。通常在臺灣，兒童會因學區關係就讀住所附近的學校，並同時經由學校的體育課來學習新的運動技能。假如學童們顯示出對某一項運動的興趣或天分，那通常被選上校隊的機率就較高。在臺灣的學校體制內，能夠成爲學校校隊的運動員對學童來說是一項榮譽，特別是對年輕的籃球選手及棒球選手來說。兒童通常較能夠在運動場上發展出所謂兄弟夥伴間的情誼，並且可保持終身的好友誼。即使在一個高中或一個大學層次，這些運動代表隊隊友通常會產生很好的關係，即使在畢業後也是一樣。所以這些屬於地區性運動的正面價值爲：友誼、信任、品格發展、尊重他人、團隊合作、團結等。

2. 教練與選手的關係

　　教練與選手間的關係在此一層次上，也不應該受到低估。通常在東亞的日本、韓國及臺灣，教練就像第二個父親一樣，運動員高度尊重他們的教練。在東亞，傳統尊師重道的精神愈來愈少，但這樣的尊重至今仍在學校運動場上高度維持著。在地區性的運動層次中，教練

作者與舉重好手郭婞淳及教練林敬能訪談合影：名將往往需要好的伯樂

通常會花較多時間來照顧其選手，筆者有一位朋友本身爲中學游泳教練，便常花許多時間、精力及金錢，不僅是爲了要訓練並增進選手的技巧與速度，也要關照學生運動員的學業功課與一般日常生活。在臺灣教練與選手的關係，要比師生之間的關係來得更緊密。

3. 贊助商／組織與教練的關係

　　在此一層次上，競爭的程度還不是很高，教練通常較不容易受到贊助商的壓力。在臺灣，地區性的教練通常也是學校體育教師。假如他們爲學校編制內的體育教師，則工作比較受到保障。因此，來自贊助者或外部組

織的財務壓力就比較沒有那麼大。同時，運動代表隊通常是由自己的學校來贊助。因此，「為達目的不擇手段」這個概念與全國性層次比較起來並不是那麼高，所以在管理上也會比較容易掌控。

4.贊助商／組織與運動員的關係

　　運動員在此一層次上比較不會受到贊助商／組織的直接影響。雖然他們的確需要一些運動器材或設備，不過基本上還是可負責處理。就地區性比賽所需的旅行費用來說，因為皆是在地區內的距離，所以選手在花費上會比較少。很顯然的，雙方間的利益衝突或類似情況仍舊為可被忽視的一個層次。

　　綜上所述，奧林匹克主義的倫理價值在地區的層次上比較容易展現，這是因為追求勝利的欲求仍然不是很過度，因此可以讓友誼、尊重他人、公平競爭、信任等德行可以較容易呈現。運動員、教練及其贊助商或組織可以較容易投入地區性所需要的運動發展，並透過參與來展現地區的精神。有一些運動如曲棍球運動或滑冰運動在西方的社區運動俱樂部中可展現這些傳統的倫理價值，甚至到了奧林匹克層次中仍保持這樣的傳統美德。東亞可以從中加以學習。

（二）國家主義（nationalism）

> "devotion and loyalty to one's own nation; excessive patriotism; chauvinism; The desire for national advancement or interests of one's own nation, viewed as separate from the interests of other nations."(Webster, 1996: 1279)
>
> 對於一個國家的忠誠與效忠；過度愛國主義；沙文主義；對自己國家進步或對國家利益的一種渴望，並將它國的利益區分開來。

1. 運動員之間的關係

　　假如運動員是在國家層次來接受訓練與比賽，通常他們會比地區性運動員受到更多注目、更多支持及較高的期望。而勝利的壓力會比較高，因

為他們承擔了不僅是個人的責任，還有來自隊友及國人的期望。在此一層次中，運動員可以很容易發展出一種「過度的競爭欲求」。假如這個過度的競爭欲求失去控制，則很可能會造成不道德的行為情勢發生，如服用禁藥或暴力行為。舉例來說，在 1994 年美國花式滑冰國家隊選拔賽當中，Nancy Kerrigan 被隊友所指使的人攻擊，目的是要讓 Nancy 無法參加奧運會。這使得兩個隊友在此一層次上，形成如敵人般的對手關係。

2. 教練與運動員的關係

與地區性的運動教練比起來，國家隊級的教練無可避免會給予其所訓練的運動員更多的壓力。教練在此一層次上須代表國家，並負起國家所付託的重責大任與榮譽來維持聲譽。因此，國家級運動員的生活起居及言行是一個注意的焦點。舉例來說，教練有可能限制國家級運動員的一些自由，這會比地區性的運動員所受限制程度來得大。在東亞，就過去的紀錄片及一般運動訓練文化的觀察，國家隊的教練對其運動員的限制一般來說會比較嚴格，如其基本的行動自由的限制，甚至會實施體罰行為等。

3. 贊助者／組織與教練的關係

在國家層次上，贊助者／組織可以來自不同的方向。他們有可能只是純企業團體或來自政府的公共資源。很明顯的，從商業的角度來看，這些贊助商總是會向教練施壓要求爭取在運動場上勝利的機會，或至少表現好一點，這樣他們的公司或品牌才會有較好的曝光率。很自然地，教練若受到這樣的壓力一定會直接或間接將之轉移至運動員身上。在臺灣，目前國家級層次的運動教練並無穩定的收入及地位。通常，假如他們輸掉大型比賽，就得離開該隊並另謀出路。因此，在這樣的壓力下，難免會導致不具奧林匹克精神價值（如奧林匹克格言中所強調的：參加比勝利還要來得重要）的運動倫理行為產生。

4. 贊助者／組織與運動員的關係

運動員在此一層次不僅會受到來自教練的壓力，同時也會受到贊助者／組織的壓力。在這樣的情況下，他們的壓力會比教練來得更高。在此一層次，一旦運動員被選為國家代表隊，他們便會根據國家的期望來全力以赴。以東亞的選手來說，這種身負國家重任的負擔的確相當沉重，因為

輸了比賽就等於「失去面子」，也相當於一種恥辱。通常，在這樣的層次中，會有一種「過度競爭欲求」與「過度愛國主義」的結合。換句話說，有更多金牌就會帶來更多榮耀，且會有更多獎賞可以獲得。這裡有一個例子筆者認為並不具備奧林匹克教育活動的情況，因為這與「過度愛國主義」有關。

　　在 2004 年雅典奧運會期間，我國人民很高興能夠看到自己的跆拳道選手獲得 2 面金牌。隨後，我們的政府馬上舉行遊行慶祝活動來展現國家的榮耀與臺灣人的民族認同，選手們也上電視接受訪問並獲得許多獎金。有了這樣的成功經驗，在 2008 年 1 月 31 日，我政府的教育部就宣布要結合兩所體育學院成為一所體育大學，並斥資 30 億新臺幣。主要目的是去訓練更多世界級運動選手（預計每年 50 位），來為未來的奧運會獲得更多金牌。以此情況來看，我們體育課程當中有關人文角度的教育課程似乎已被忽視了，也只強調技術上的訓練。有關運動員的全人塑造的奧林匹克價值教育課程，似乎變得不是那麼重要。

5.國家對國家

　　另一個顯示國家主義的層次是，透過國家對國家。這裡有一個具體例子顯示，奧林匹克主義所要展現的相互尊重的和平價值並無體現出來。這是針對 2008 年奧運的兩岸聖火傳遞事件。在 2007 年的最後幾個月中，兩岸不斷有爭論是否要將聖火繞行臺灣的提案，一開始，有許多臺灣人民覺得這是一件好事，便對此事保持樂觀，然而經過幾番折衷與協調，還是因為兩邊的政治意識型態無法化解，涉及過多政治宣傳意義及國家主權問題而宣告破局，此乃另一種型式的「過度愛國主義」，而非火炬傳遞所要傳達的奧林匹克理想——亦即和平與和諧。

　　「過度愛國主義」（國家主義） 所展現的負面意義，可經由申辦或主辦大型運動賽會來呈現。就如先前日本學者 Sanada（2004）所說的，在東亞，奧林匹克活動已經被用來作為申辦奧運會及運作比賽的一種工具。不過，在大部分的情況下，這些活動在比賽結束後便一起結束。

綜上所述，國家主義若未能詮釋得當，則可能被認為是一種「過度愛國主義」，這樣就失去展現奧林匹克價值的基礎。不過，愛國主義還是可被接受並展現出奧林匹克價值；它不只將各國運動員聚集在一起（因為這有一種四海一家的友誼，而非敵人的感覺），也可增進相互間的認識。

（三）全球主義（globalism）

"The attitude or policy of placing the interests of the entire world above those of individual nations." (Webster, 1996: 812)

一種態度或政策將整個全世界的利益置於個別國家利益之上。

近幾年有許多人皆在談全球化（globalization）這個概念，意指全世界各個社會及個人之間的相互依存，不斷在政治、經濟、社會及文化上增進的一個過程（Parry, 2006, 189; cf. Maguire, 1999）。但請注意的是，全球化（globalization）這個概念與「全球主義」（globalism）是不一樣的，因為前者所強調的是在運動的興起與全球化擴散，而後者著重於整個世界的利益與政策高過於個別國家之上。不論「全球化」這個名詞是否真的存在，仍有一個值得辯論的空間，因為有一些國家至今仍然與世界上大部分的國家隔絕（如北韓、緬甸及一些非洲國家），並且不願意與其他國際社會來合作。但至少，我們可以平心而論，大部分的奧運會運動項目已經受到全球化的注目，並已在全世界各國推展。

這裡所必須再強調的重點為：「全球化主義是否是在東亞發展的奧林匹克教育活動？」筆者認為是，且我們也應該加以推動，因為它所展現的是奧林匹克主義的價值之於國際層次上，如團結、尊重他人（國家）、國際友誼、無歧視等。

但或許在我們強調全球主義之前，必須將另一個名詞帶進來介紹一下。這是許久以前古柏坦（Coubertin）先生（1935）所提出來的理念：「internationalism」（國際主義）。由於在前面已強調國家主義的負面意義，國際主義這個名詞反而具有較正面的意義。國際主義的意義為：「為

了促進各國共同的良善及合作的一種原則，有時候會與國家主義或某一個國家的利益相反。」（Webster, 1996: 997）

然而，我們對東亞地區的合作期望可能比我們想像的還要困難（cf. Sanada, 2004）。這有可能是因為這幾個國家間的複雜歷史關係所致，不論中日、南北韓、日韓及兩岸的關係等。這裡所牽涉的情況似乎有一種隱藏性的經濟競爭及比較，以及一些政治上的緊張在這些國家之間。但是，這裡尚有另外一個因素，假如我的觀察正確的話，也有可能是由於語言與地理環境阻礙所造成的因素。

與大部分的歐洲國家相較起來，歐洲人大都較容易學習鄰國語言，並在短距離內旅行至其他國家而無障礙，如邊防或水域阻隔（歐盟一些國家不須簽證）。相對的，在東亞，英語並不是普遍廣泛的使用，亞洲語言的交換程度不像歐洲那樣熱絡，而更重要的是，我認為與我東亞的民族性有關。一般來說，東亞的民族較不像歐美民族能夠用一種較開放式的心智來表達自己所想要說的話。也正因如此，美國奧林匹克學者 MacAloon（2004）教授就指出，我們（作為奧林匹克學者）應確保我們對現行國家奧會政策的批評必須是具備深思熟慮且有受到知會的，因為「國家奧會必須表現出公共服務的組織一樣，且不能像閉鎖的公司一樣。像這樣的挑戰是所有奧林匹克學院所必須面對的，包含在東亞地區。」（p. 50）

幸運的是，我們總是可以找出一些希望。至少可從運動禁藥的管制當中，了解到東亞國家之間的國際合作似乎是一個可行的合作模式。同時，南北韓先前在 2000 年與 2004 年一起進場參加奧運會的開幕儀式，也展現一種化不可能為可能的情況。其他東亞國家也可從這個例子中，學到一些東西。

此外，在這個區域內的年輕人，就筆者的觀察（如韓國人與日本人）也比以前更為活躍。透過旅行的經驗，他們學到如何去欣賞不同的文化，也因此更能夠學到如何尊重彼此的差異，這也是奧林匹克主義所要強調之處。

這樣的方式也可用於我們的運動員身上。在臺灣，許多國家級運動員有許多出國比賽的機會，但往往他們只是為了比賽而已。他們無法在國外

比賽的同時與對手或其他國家成員打成一片，所以回國時除了比賽的回憶外，似乎所學到的東西與體驗均很有限。這對想要推廣奧林匹克精神的人來說，是一個很重大的損失。

　　筆者對於推動奧林匹克主義的個人想法是，想要透過流行文化作為一個啟示。就如大部分的東亞年輕人皆知道一些東亞的流行巨星，如 F4、周杰倫、成龍、裴勇俊等人，他們非常熱衷於在東亞幾個地區與國家到處旅行並宣傳其作品，同時也得到很多的注目及知名度。這一現象是非常強大，且不應低估其對東亞地區年輕人價值觀的影響力。這一股強大的影響力往往是身為運動教育者與政策制定者的我們所無法動員的，且超越我們的想像力及能力所及。不過，這是否意味著我們就不應做任何事呢？藉由觀察此一跨越國家的流行文化現象，筆者認為這裡頭有值得思考及學習之處，也就是這些東亞巨星的行銷方式。很明顯的，他們的成就不是建基於國家至上的意識型態，而是去找出在東亞地區的共同元素。雖然流行文化的價值觀不一定全然都是好的或可訴諸於普世大眾，但藉由揭開此一流行文化現象為例，筆者希望能夠讓讀者及具有影響力的政策執行人員去思考這樣的現象，並進而去規劃出一些較複雜的策略來推廣奧林匹克主義或奧林匹克教育課程於我們所處的區域內。不過至少在本文，我已指出應該注意的一個問題；亦即，假如運動會與奧林匹克教育活動之間有一個鴻溝的話，這個溝必須把它填補起來。

　　對於東亞的奧林匹克主義是否存在或適合的問題，西方帝國主義、歐洲中心主義與商業主義並無法被東亞的奧林匹克教育活動所擁抱。而從一個臺灣人的角度來看，筆者提出三個意識型態的層次來探究是否可以融入東亞各國推動奧林匹克主義的實際環境當中。不過，僅有地區主義（regionalism）與全球主義（globalism）才能夠被接受與背書，因為它們可以在不同的環境下展現更多的奧林匹克主義正面價值；而國家主義可能會帶來「過度愛國主義」，這通常與奧林匹克主義的目標背道而馳。很顯然的，在東亞地區，我們應該要做的是共同努力去減少國家主義的行徑，並增加地區性的合作與減少不必要的偏見。因為，在東亞的地區中若無互相理解與國際合作的基礎，將很難達到全球主義的理想目標。

六、結論與建議[3]

（一）結論

2008年奧運在亞洲中國北京舉辦，且主辦國是近年來在世界經濟發展上快速崛起的東亞國家，故能引起世界各國高度的重視，成為世人所關注的焦點。雖然北京奧運舉辦前期，兩岸因為政治因素而無法讓聖火來臺，但從北京奧運會前後所引發的後續效應都值得我們持續觀察、重視與關心的議題。尤其，臺灣的地理位置位於東亞要衝，自古以來，無論在政治、經貿或是戰略上皆扮演著舉足輕重的角色，即使多次面臨到各式各樣的衝擊如石油危機、亞洲金融風暴等，卻依然屹立不搖的在經貿發展上持續發光發熱。但不可否認的，近年來中國已從一個落後、封閉的國家變成世界工廠，甚至是世界上數一數二的經濟實體，中國的快速崛起讓世界各國不敢忽視，紛紛集結大量資金加速投資，深怕錯失商機。此一現象造成亞太地區經貿發展有了大規模的變動，在本土企業不斷外移的情況下，迫使曾是亞洲四小龍之首的臺灣，必須在意識型態與經貿地位上去做取捨。而臺灣在2008年到2016年舉辦完總統大選之後，使政黨兩次輪替，讓臺灣與中國、亞太地區或是世界各國的經貿關係有了全新的開始。

國際化的潮流是無法抵擋的，它不會因為歷史背景、文化因素的關係而減緩，因此臺灣的人民應該要敞開心胸去接受國際化，在語言上應要多去學習及加強，或是學習第二外語，也要盡可能的多去關心、了解其他國家發生的重大新聞，以培養國際化的視野，亦要發揮創新力或創造力，才能在面對世界各國的競爭上保有競爭優勢，不至於被國際化的洪流所淘汰。

筆者在大學任教至今16年，發現臺灣大學生目前的國際觀基本常識普遍來說還是不夠的，有些學生就連學校內及附近的地理位置皆不夠清楚，更遑論國際地理與新聞資訊。臺灣大學生應該趁著年輕時積極的去了解除了臺灣以外周遭各國的文化、風俗民情，特別是鄰近的東亞國家（含中

3　針對本章之寫作，筆者要感謝96學年度修過本人在大葉大學開設的奧林匹克專題研究之學生及其所提供的一些心得回饋，以充實本章的結論內容。

國），並以四海為家的態度去因應國際化、全球化的到來，以期將來能在工作職場或是學術殿堂上可占有一席之地。

（二）建議

要能夠改變思想及行為模式的最佳途徑就是先從教育開始著手，除了家庭教育外，以下是筆者認為在臺灣的各級學校（特別是大專院校）每一年可以做的幾件事，也就是透過學校一年一度的運動會及其他相關活動（如校慶）來培養臺灣學生的國際觀視野。

1. 規劃奧運與國際觀教育相關一系列課程（配合各校通識中心課程或相關活動）。
2. 安排國內外講師或奧運金牌選手來為學生上課。
3. 舉辦或參加奧林匹克青年營活動及國家奧林匹克研討會。
4. 奧林匹克與國際觀網站建置。
5. 推動奧運精神與國際觀護照。
6. 舉辦各個大學聯校之「校長杯」奧運精神國際足球邀請賽。
7. 推動一系一國；一個行政單位一國認養活動（配合各校校慶活動展示）。
8. 舉辦校內迷你奧林匹克運動會（奧林匹克日）。
9. 舉辦奧運與國際觀散文比賽。

進一步的推動方案，可參考以下筆者的想法：

奧運精神與國際觀教育實施內容

1. 奧運精神與國際觀護照
  - 1-1 項目：選 15-25 項奧運運動項目作搭配〔如籃球、排球、足球、棒球（女壘）、網球、游泳、桌球、走跑、鉛球擲遠、國術（氣功養生）等〕。

1-2 站名：以中英對照爲主，並簡單介紹該運動的起源、知名人物照片（如籃球姚明；棒球王建民、鈴木一郎；足球貝克漢等）及在世界各地推展情況（配合世界地圖——請設計學院支援設計站牌內容），並做簡單彩色折頁（內含簡單奧林匹克故事及英文字彙）。

1-3 活動設計內容：不以比賽爲主，但重視盡力參與（奧運精神I——更快、更高、更強！）。**全校體育教師全體總動員支援**，並設計簡易通過標準（如籃球：連續運球上籃十次，並能告知一些籃球的基本常識與偉大籃球選手之典範故事及簡單籃球英文詞彙）。

1-4 場地：利用學校現有資源及地形、地物器材。

1-5 護照認證與獎勵：按參加人數來印製證書（針對全校教職員生爲主；附近中小學學生及民衆爲輔）。完成每項通過標準後（男女標準有別、重視性別平等——奧運精神 II）將蓋專項戳記於護照上，完成認證後，每位（教職員生）將獲得一張精緻校長**簽名證書（中英對照）**。

1-6 活動時間：每一學期**（於週三下午 3-5pm）**舉辦一次**（全年共二次）**，所有站名將同時開放，體育教師全員支援並負有協助教學義務（如游泳基本教學——韻律呼吸與水上漂浮 5 公尺）。

2. 「校長杯」奧運精神國際足球邀請賽

2-1 隊伍：邀請鄰近學校外籍生足球隊組隊，報名參加此項比賽。

2-2 獎勵：分最佳運動精神風度獎與最佳技能表現獎（冠軍）。

2-3 所有隊伍將於比賽期間前後（一週）拜訪全校每一系所或單位，來推動「看足球學英文」的活動。

3. 一系一國；一個行政單位一國認養活動（配合校慶活動）

3-1 請學校各科系所及行政單位認養一個國家。

3-2 蒐集該國家之文物資料，了解該國之特殊文化與習慣、美食及語言文字等相關事物。

3-3 提供各國文化櫥窗展示空間（臨時攤位及永久展示空間），每一
　　學期（於週三下午 3-5pm）舉辦一次（全年共二次），並於校慶及
　　運動會期間舉行**食、衣、住、行、育、樂**等特展。

4. 迷你奧運會

4-1 請各單位之認養國家組團，參與學校運動會之開閉幕進場及各項
　　奧運站（15站）之比賽活動。

4-2 開閉幕儀式儘量以模仿奧運會的整個過程為主，全程中英文同時
　　發音。

4-3 邀請附近國小、國中、高中及大專學生來觀摩參加。

5. 舉辦奧運與國際觀散文比賽

　　比如說，運用每屆奧運會前後來辦理一些散文比賽。請參考以下文
宣。

參考文獻

Bahng, K. (2004). Olympic Education in Korea. In *The Olympic Movement in Asia. Proceedings of the 25ᵗʰ Anniversary Session of the Japan Olympic Academy*. JOA, 2004. pp. 79-81.

Coubertin, P. (1935). *The Philosophic Foundation of Modern Olympism*. In Carl-Diem-Institut, (ed.). (1966). *The Olympic Idea: Discourses and Essays*. pp. 130-134.

Hai, R. (2004). Olympic Education in China. In *The Olympic Movement in Asia. Proceedings of the 25ᵗʰ Anniversary Session of the Japan Olympic Academy*. JOA, 2004. pp. 73-78.

Hsu, L. (2000). Olympism: A Dead Ideal and a Western Product? *Proceedings in the Fifth International Symposium for Olympic Research –"Bridging Three Centuries: Intellectual Crossroads and the Modern Olympic Movement"*. pp. 249-255.

Hsu, L. (2003). For the Love of the Game: A reconsideration of Amateurism in Society. *Kinesiologia Slovenica*.9,2, pp. 17-27.

Hsu, L. (2008). Olympic and Sport Culture Education: East Asian approaches. In the *International Forum on the Beijing 2008 Olympic Games - Great Breakthrough: Olympic Theories and Practices in the East*. 5-6, July. Renmin University of China, 2008. pp. 272-279.

MacAloon, J. (2004). East Asia and Olympic Movement Today: Some Thoughts on the Occasion of the 25th Anniversary of the Japanese Olympic Academy. In *The Olympic Movement in Asia. Proceedings of the 25th Anniversary Session of the Japan Olympic Academy*. JOA, 2004. pp. 47-53.

MacIntyre, A. C. (1981). *After Virtue*. London: Duckworth.

Maguire, J. (1999). *Global Sport – Identities, Societies, Civilizations*. London: Polity Press.

McNamee, M. (2006). Olympism, Eurocentricity, and Transcultural Virtues. *Journal of the Philosophy of Sport*. V. XXXIII, 2, pp. 1174-1187.

Olympic: Education and the All-round Development of People (2007). *International Forum on Beijing Olympic Education*. 24-25ᵗʰ, Nov. 2007. Beijing Municipal Education Commission.

Parry, J. (1999). "Globalization, Multiculturalism and Olympism", *Proceedings of the International Olympic Academy, 39*, pp. 86-97.

Parry, J. (2004). *Olympism and Its Ethics*. Presentation to the 44th International Session of the International Olympic Academy, May/June, 2004. Unpublished paper, pp. 1-13.

Parry, J. (2006). Sport and Olympism: Universals and Multiculturalism. *Journal of the Philosophy of Sport*. V. XXXIII, 2, pp. 188-204.

Sanada, H. (2004). The Olympic Movement in Japan. In The *Olympic Movement in Asia. Proceedings of the 25th Anniversary Session of the Japan Olympic Academy*. JOA, 2004. pp. 68-72.

Webster' s Encyclopedic Unabridged Dictionary of the English Language (1996). London: Random House.

Wigmore, S. (1999). *Olympism-Values for life*. National Olympic Academy, March, 1999, Sheffield. Unpublished paper, pp. 1-6.

Wigmore, S. (2007). Olympism: a philosophy of citizenship. Education and the All-round Development of People. *International Forum on Beijing Olympic Education*. 24-25th, Nov. 2007. Beijing Municipal Education Commission.

Sithole, T. A. G. (2006). The endeavours of the IOC for the promotion of Olympic Education programmes in developing countries. *Presentation to the 8th Session of the International Olympic Academy*, Olympia 26 May, 2006.

The Olympic Movement in Asia (2004). *Proceedings of the 25th Anniversary Session of the Japan Olympic Academy*. JOA, 2004.

第四章
典範運動員（奧運選手）的社會責任

許立宏

許立宏

臺灣體大教授，中華奧會教育委員會委員，著有9本奧林匹克與運動倫理教育等專書，現任成人游泳國手。曾獲得多次臺灣成人泳賽冠軍。

專長：奧林匹克教育、運動倫理學、教練哲學、游泳、水球、重量訓練。曾參加過十屆大專盃泳賽及全運會水球賽，並獲得冠亞軍。指導過98學年大專盃泳賽乙組選手，並榮獲冠軍（榮獲第45屆中華嘉新體育特別獎）。

一、前言

　　2018 年韓國平昌冬季奧運舉辦期間，世界奧運人協會組織（World Olympians Association, WOA）頒發終身成就獎給 5 位前奧運選手，具以表彰他們對社會的貢獻。這 5 位前奧運選手分別是[1]：

1. 美國滑雪選手 Tracy Evans：「勇於挑戰性別意識型態且強調女性平權參與運動比賽」

　　參加過三屆奧運會的她，曾擔任過 Rwanda 難民志工，親眼見到種族屠殺過後對當地的影響及對女性角色地位的傷害，造成這些地區不公平的對待女性及幼童。她於 2008 年創辦了非營利組織 Kids Play International，主要任務在於運用運動作為轉變這些受過種族屠殺過後所造成的女性不平等的狀態。現年約 50 歲的她，繼續透過奧林匹克理想來推動這些地區的人們相互尊重、團結、和平及公平對待。

2. 義大利越野滑雪選手 Manuela Di Centa：「征服聖母峰」

　　曾獲得 7 面奧運獎牌，包括兩次冠軍，自長野 1998 年奧運會開始比賽。於 2003 年成為第一個義大利女選手登上聖母峰。現年 55 歲的她，目前是國際奧會榮譽委員及前義大利國家奧會副主席，現在也協助義大利政府在推動學校體育運動工作。

3. 日本高山滑雪選手 Chiharu Igaya：「終身投入體育運動」

　　為奧運銀牌選手，之後投入到體育運動行政工作。在參加過三屆奧運過後，擔任了 1982-2011 年國際奧會委員並擔任過執委會委員及副主席職務，並於 2012 年獲選為榮譽委員，擔任過國際滑雪協會執行委員、國際鐵人三項協會、世界反禁藥組織委員及日本政府體育顧問。

1　Insidethegames reported by Daniel Etchells, Sunday, 18 February, 2018.

4. 牙買加雪橇選手 Devon Harris：「勇於追尋不可能的夢想並激勵許多人永不放棄的精神」

　　1988 年曾參加加拿大冬季奧運會，參加過三屆奧運會的他，成長環境是在貧民窟，直到接觸到運動才改變人生。他想要用自身的奧運經驗來影響他人，成為一個激勵人心的演說家，並出版了一本書來告訴小朋友牙買加雪橇隊的故事。2006 年 Harris 成立一個基金會來支持偏鄉社區的兒童教育。

5. 挪威競速滑冰選手 Johann Koss：「運用運動的力量來改變許多兒童的生活，並建造一個更好的環境。」

　　曾獲得 4 面奧運金牌並參加過兩屆奧運，本身是一位醫生的他，也成為聯合國兒童難民組織的大使與國際奧會委員。他於 2000 年時成立了國際人道組織 Right To Play，運用運動及遊戲來促進兒童與年輕人發展自身的能力，特別是針對世界各地弱勢地區。

　　世界奧運人協會組織成立於 2016 年里約奧運期間，它們想要表彰奧運選手對世界各地所產生的影響力，不論是在擔任選手期間或運動員生涯之後。此一協會認為奧運選手具有影響力，且應有責任來幫助他人與這個世界變得更和諧。現任的世界奧運人協會組織主席 Joël Bouzou（2018） 指出，這些獲獎人不只是典範運動員而已，也是社會中的典範。

> 　　身為一位奧運人，並不意味比賽結束即是脫離運動員的身分，這是一項終身的標籤……我們的頒獎活動亮點在於標榜全世界各地還有許多奧運人正在影響各地，且讓這個世界變得更好。

　　有趣的是，有關運動員典範議題的文獻當中，運動哲學家 Randolph Feezell（2017: 176）也曾提出兩個問題：

1. 明星運動員都可當典範生嗎？
2. 明星運動員都具有特別的責任成為典範嗎？

Feezell（2013: 151）主張：「明星運動員可以是運動典範選手，但不必然是道德典範。」基於近來國際體壇與奧運會出現運動禁藥事件頻繁[2]，我們真的能夠主張奧運選手（身為知名或明星選手）能夠被視為「典範生」嗎？若根據奧運精神理念，頂尖選手如奧運選手等真的具有特殊的角色，扮演運動場域內外的典範嗎？

本章目的不僅試著要加以闡述 Feezell（2013, 2017）所提的主張「明星運動員的特殊責任」（狹義及廣義角度），也想探討競技運動員如奧運選手，所可能產生超越性的（道德及非道德）責任。

二、狹義及廣義的 「典範模範生」

有關運動員是否可當典範模範生的議題，Randolph Feezell 提出兩個中心議題（2017: 176）：⑴「明星選手是否為典範生？」；⑵「明星選手是否有特殊的責任來扮演典範生？」Feezell（2013: 151）主張：「明星運動員為運動典範，但不是道德典範」。

我們若以奧運選手來說，他們的確是頂尖且在各國當中大都是知名的明星或令人敬仰的選手。就此，首先我們需要的是一個有關「典範生」的定義。根據另外一位運動哲學家 Spurgin（2017: 188）的定義：

典範生具有特殊的義務扮演適當的行為給特定的人或群體。
要成為一個典範必須要展現適當的行為，讓另一個人或一群人具
有效法的作用。或許最重要的是，也需要一種自我要求的作為。

就此定義來說，「典範生」並非中性名詞，而是正面的概念且具有規範性的行為。若將此應用在運動場域上或場外，是否都具有同樣的意義？

2　2017 年 12 月，國際奧會禁止了俄羅斯選手參加未來的奧運會，因為據信其被指控於 2014 年索契奧運會期間有計畫地讓其選手使用運動禁藥。而在 2018 年平昌冬奧開幕前幾個小時，47 位俄羅斯選手也被禁賽，因為他們的上訴被國際運動仲裁法庭駁回。見 "Winter Olympics: why it' s wrong that Russian athletes are guilty until proven innocent" by Vassil Girginov from "THE CONVERSATION", February 9, 2018. https://theconversation.com/winter-olympics-why-its-wrong-that-russian-athletes-are-guilty-until-proven-innocent?

Feezell（2013: 151）主張：

明星運動員爲典範生，但不是道德上的典範生。他們的行爲在運動世界中具有重要且内在的意義，是因爲他們在運動場上的卓越表現。人們通常覺得他們也可擔任運動場外的典範，是一種困惑所形成的錯誤想法。若不是因爲他們英雄般的運動成就，其他的角色扮演就會失去重要意義。

假如我們認同 Feezell（2017: 177）的說法，運動員之所以可成爲典範只限定在運動場域中（包括他們的練習或準備方式、或成爲一位好的隊友等），但與運動員是否也是一位好人是無關的──亦即成爲一個有德行的道德典範。這裡所要強調的是，這世界上有很多運動員，其運動上的卓越成就並不代表他們在運動場外也是值得效仿，進而成爲道德上的典範生（如先前美國拳王泰森在運動場外的暴力行爲即是一例）。換言之，**運動場上的卓越並不必然等於道德上的卓越**。

狹義的典範生與**廣義**的典範生之區別，在於前者屬個人專業領域上的典範成就，是值得效仿的。但廣義的典範，則屬於運動專業領域以外的倫理問題：如我們應如何生活？我應該如何做對的行爲？或我應該成爲什麼樣的人？等道德課題。

然而，可能還是會有人認爲許多典範運動員，由於名氣響亮且具有影響大眾的魅力或號召力，所以也應該要扮演道德典範的角色。不過，這個迷思觀點的產生可以從 Feezell（2017: 178）所做的區別來加以解釋，他特別區分了「典範生」的描述性（descriptive）與規範性（normative）這兩層意義。

一個典範生就**事實描述性**的意義來說，是指其生活行爲受到他人的仿效或至少讓人覺得其行爲值得模仿。而就**規範性**的意義來說，是指他的人生或行爲**應該**被仿效。舉例來說，一個小孩仿效父母的行爲，就**事實描述性**的意義而言，小孩視父母爲典範生。但就另一個**規範性**的角度來看，他們的行爲也可能因爲其具有種族歧視傾向，而不應該被仿效或值得仿效。

三、批判性問題思考：明星運動員不見得都是典範生

　　根據 Feezell 的說法，我們可了解到典範生的概念分爲狹義與廣義兩種不同層次，以及有事實的描述性與規範性這兩層意義。若從上述的區分來看，頂尖運動員如奧運選手在運動場域中的確可當典範，但這樣的典範在廣義的角度來看就不一定成立，也就是不見得可成爲值得模仿的道德上的典範。這樣的問題正是 Spurgin（2017: 190）所謂的「過度推論主義」（generalism）。

（一）過度推論主義的問題

　　這個主張有兩個論點。第一：大眾通常會將典範生的角色強加在一些特定人物，但這不一定是他們所想要的。第二個問題在於，身爲典範的角色有時超越了他們可以勝任的義務範圍。這裡重點在於「**公眾的看法**」（public perception），而非特定人物的自身抉擇是否要成爲典範生及是否有義務擔任此一角色。

　　因此，過度推論主義會出現兩個問題。首先，這會經常違背個體的隱私及自由抉擇，亦即到底是否要扮演這樣的行爲來配合公眾的期待？例如：大眾媒體經常會因爲運動員的知名度而強加或塑造給這些運動員一些不當的公眾期待，如比賽一定要爲國爭光，或被塑造成一種聖人形象。正是因爲如此，他們的行爲也會被合理化，且被認爲是正確的行爲。但這樣的說法會產生一個問題：會忽略我們要如何證明這些運動員所產生的被仿效行爲是好的行爲？通常這樣的模仿效應會造成一些受影響者（如粉絲或球迷），提不出他們的模仿行爲都是正確的。

　　我們也常看到明星運動員（如奧運選手）可能會運用權威、知名度或一些影響力的角色來告知大眾應如何生活，這些作法通常也已超過他們原本的運動表現影響範圍，而這可能並非他們的本意。Spurgin（2017: 191）因此提出一種「修正式的特殊主義」（modified particularism）：「大眾期待一些特定的個體（知名運動員）成爲典範生且有義務扮演此一角色，先決條件也要他們同意且完全有能力扮演典範的角色才是。」

不過，在此要特別強調的是，並非所有的明星運動員或奧運選手都可以勝任典範生的角色。不論是狹義的運動場域內，或廣義的運動場域外的道德生活中。例如：假設一位奧運選手要成為狹義的運動場域內的典範生，那他是否也要符合奧林匹克理念？如公平競爭、友誼、不濫用運動禁藥及相互尊重等行為表現。

　　以上是從理想的情況來看，除此之外，也要考量到以下的情境與條件：

1.「典範生」是一種「相對」且「偶然性」／「情境性」的概念

　　從狹義且一般性的角度來看，競技運動員如奧運選手的確可以在運動領域內被視為一種運動場域的典範。但從廣義上且規範性的角度來看，並不是所有知名運動員的行為皆可取，我們也必須考量其在運動場域外行為的適當性與否，且須視其每個行為的情境與行為表現而定。例如：在2016年里約奧運期間，一群美國奧運游泳選手蓄意毀壞一個當地的加油站，事後卻對公眾媒體撒謊其所犯下的行為。其中有一位選手長期以來一直被認為是一個典範選手，因為他先前常常在所屬的美國當地社區協助一些慈善工作。但就此次所犯下的錯誤，卻是不可被接受的。

2. 運動員所能扮演典範的能力是否足夠

　　這裡要強調的是，每一個明星或具知名度的運動員的行為舉止成熟度皆不一。尤其是青少年運動選手，即使是國家級或世界級選手，其所產生的行為舉止不一定能全部代表是值得仿效的行為。也就是說，我們不應期待所有的明星運動員在運動場域內外皆能展現出可仿效的典範行為。相反的，若我們也指望青少年運動員表現出值得令人學習的榜樣，其前置條件是：我們反而更需要關心及加強這些運動員的舉止與日常生活教育。

3. 性別平等議題

　　另一個有關典範運動選手的議題，是有關性別平等議題。國際奧會近來正在推動運動組織與比賽中性別平等的政策。在 Pike（2017: 12）的文章中，她提到國際上許多運動社會中還是非常強調重男輕女的政策，實際上，全世界各國還是有一些傳統的性別意識型態繼續影響著女性參與奧運會比賽及行政組織。她並指出現行已有國際組織正在推動奧林匹克活動的

任務，必須確保推動完全的性別平等來參與運動比賽及組織的社會責任。以下是 Pike（2017） 認為今後國際組織應該要努力推動女性奧運選手所應扮演的角色：

- 確保女性可以參與推動體育運動，並貢獻知識、經驗及價值。
- 認可女性參與體育運動對公眾生活、社區發展及打造健康國家的貢獻。
- 推動女性對體育運動內涵價值的認同，以及對個人發展與健康生活型態的貢獻。

　　以上所提要成為一個運動場域內外兼備的典範運動員所需考量事項當然不只這些而已，但至少在此提醒我們的重點是：假如要將某一位運動員視為典範並認為值得效仿其言行舉止，我們至少也要考慮到以上所提的要項，尤其是從運動員及教練的養成教育的角度來看。

四、知名運動員（奧運選手） 是否應該具有特殊的社會或道德責任？

　　從先前 Feezell（2017）的主張來說，知名運動員具有影響他人甚至許多兒童的能力。但他也強調我們必須提醒自己的是：知名運動員不會「自動」變成他人的道德典範——**因為知名運動員本質上根本不具備道德典範的必要性。**

　　不過，可能有人也會主張，知名運動員（特別是奧運選手）由於具有影響許多人的能力及光環，所以應該賦予他們道德上的責任來成為道德典範生，而且他們也有義務運用其知名度來做更多好事。這樣的主張可透過以下的論證來呈現（Feezell, 2017: 179）：

1. 假設有一個人具有影響他人行為的能力，那此人就應該要對其言行舉止更加注意其自身的影響力；

2. 假設此人應對自己的言行注意，那此人就應該接受他具有扮演道德行為良好者（即其表現具有德行），以達到趨善避惡的自然義務；

3. 知名運動員具有影響他人（特別是兒童）行能的影響力；

4. 因此，知名運動員具有特別的責任來扮演良善的典範角色。

　　從上面的論點來看，知名運動員似乎具有責任要能夠「回饋」社會，因為他們具有影響社會的能力且具有更多機會做許多好事，並能促成許多良善事物的發生來為社會做──改變。但上述的主張可能也會陷入一個較為弔詭的狀況，亦即，我們不可能對所有的知名運動員的言行都能全盤了解或認識其所作所為。

（一）認識我們的運動英雄

　　就先前 Feezell（2017）的討論中，從廣義的角度來看，運動員是否具有超越其本身的運動技能領域來扮演道德典範角色，其前提是，我們得全盤認識其本人的行為。換句話說，我們若無法全盤認識一個知名運動員的真實面貌，就很困難去判斷他是否真正具備道德典範的可能性，而我們也無法窮究所有的知名運動員都有這樣的責任去扮演道德典範角色。舉例來說，前世界級環法自由車手美國籍的**蘭斯‧阿姆斯壯**（Lance Armstrong） 就是一例。Robinson 與 Parry（2018: 100）舉 Lance Armstrong 為例，認為他自己塑造非常良好的道德形象──克服任何自行車比賽的挑戰及人生的逆境，如抗癌成功。事實上，他的確具有運動訓練的典範精神，但就他欺騙媒體與大眾的不誠實服用運動禁藥的醜聞來說，就不符道德典範的行為。

　　若我們按照 Feezell（2017: 182）所提的想法，或許可以從狹義的角度來導出一個論點：知名運動員有責任且具有擔任運動場域內的典範角色，且我們也期待他們扮演影響他人的角色，特別是年輕選手如何成為好的運動員，因為這是他們所擅長且可做的影響力。但就廣義超越運動場域外的行為來說，他們是否具有扮演道德典範的責任？此一問題不能用簡單的二分法來看待，而需要更進一步從運動賽會（如奧林匹克活動）的**相關利害關係人**及**好的運動員（好人）**的**實質內涵**來加以思考。

（二）奧林匹克活動夥伴關係人「群體」共同責任

　　知名運動員如奧運選手有無扮演道德典範的責任，不能用二分法的角度來闡述。我們可先引用奧林匹克主義的崇高理想，主要是想建立一種生活方式，這種方式是基於透過努力中所發現的快樂、良善的教育價值模範及尊重普世性的基本倫理原則等。若根據此一活動哲學，我們很難斷定奧運選手或知名運動選手完全無任何道德責任。但基於這些明星選手所參加的運動比賽是奧運會，我們可以合理的要求所有的奧運會相關參與人（不只選手或行政人員），皆應具有責任來維護普世性的倫理原則。雖然許多大型運動比賽如奧運會的主角爲選手，但一個成功賽會最重要的關鍵是所有相關人、事、物與組織的配合參與及協作（如國際奧會委員、奧運選手、教練、裁判、行政人員等），且這些都是每屆主辦單位（如奧運會籌備委員會）所需要集體不斷努力想要達到的目標與成果。

（三）「Eudaimonia」（幸福）的概念──好人與好的運動員

　　要達到成爲一個內外兼修的好運動員的典範，我們可參考 MacIntyre 對「Eudaimonia」這個詞所下的定義。Hosta（2002: 27）在他先前寫的文章「good human being – good sportsperson」，引用了 MacIntyre （1999）的看法：

> 　　在人類追求成爲一個良善的好人過程中，人類必須先滿足符合兩個基本條件：具有理性思考的能力，以及認識到人類不能離群索居且須互助合作的必要性。在追尋這樣的好人的終極目標中，我們也必須了解到人類最原始的獸性的不可避免性……。透過理性思考，可以讓我們與一般動物的純然獸性加以區隔，我們變得更加察覺到我們是互相依存的社會性存在個體。

　　Hosta（2002: 30）眞正要說的是：**我們在運動場上所扮演的任何角色，僅是我們人生當中所扮演的一部分而已──且是單一的個體，不可被加以區分開來。且我們評斷一個人是否具有良善作爲，也應是基於她／他所扮演的人生所有角色之整體行爲表現。**

換句話說，運動本身不能自外於其他人類生活的世界中。若僅將運動當作是自身獨立於外在世界的內在活動，則是一種錯誤的思維。整個運動世界中的狀況，總是隨時受到外在的各種動態變化及動機所影響。也就是說，我們人類（包括所有的頂尖知名運動員，如奧運選手）皆是理性的存在個體，我們的終極目標，若根據柏拉圖的說法，便是想要達成至善（the *idea* of highest *Good*）或者如蘇格拉底所說的：過著幸福的良善生活（the life of eudaimonia）。這樣的思維可以作為我們引導到運動場內的運作方式。當我們將此觀點運用到體育運動當中，也可以說：好的運動員本身也應該兼具滿足成為一個好人才是；也就是內外兼修、表裡一致的存在個體。這是從如何扮演一位好人的角度，來看待同樣是一個好的運動員的唯一角色來看。

就此意義來說，運動本身不能自外成為一個單獨封閉的世界。所以，我們也不能期待運動一定可以作為唯一促進健康或道德的工具。這個論點在於強調個體追求長遠的幸福境界：

> 要成為一個好人，人類不能不考慮周遭的環境及相關條件。我們必須擁有一些可與他人溝通與合作的良善道德德行。要達到此一良善幸福的目標，我們必須了解到我們不是在這世界唯一存在者。（Hosta, 2002: 34）

若從此一角度來看，可以說所有的知名運動員或奧運選手與相關的運動賽會人員（如教練、裁判、行政人員，甚至國際奧會委員等），皆應有同樣的責任來達成這樣的目標。就廣義的角度來說，有些是從道德上的理由來考量，有些則是對於整個社會（本土或國際）的角度來考量：過一個具有道德生活的良善人生。

五、運動員（奧運人）真正的具體社會責任為何？

針對運動員所應有的責任，美國道德心理學者 Shields 與 Bredemeier,（1995）曾提出三點建議：

1. 運動員應該清楚了解到自身的權利及責任，因為他們的言行會受到更多人的關注。

2. 運動員應該反思其自身對於「公平競爭」（fair play）這個概念的哲理意涵。公平競爭規範可視為參與運動比賽的基本起始點，但最終目的應該是讓運動員能夠將道德思維內化到自身中。

3. 運動員必須對自身的行為負起終極性的完全責任。當出現有爭議性的公平問題或損害情形時，運動員自身必須有決斷的能力，而非依賴教練或比賽的裁判人員。運動員必須將自身視為具有責任且能為自身行為有所擔當的個人。

（一）奧運選手在運動場域內外的社會責任（OSR）

對於運動會的最高殿堂的奧運選手來說，他們可以扮演很重要的多方位且多元性的角色；不論是狹義的運動場域內或廣義的運動場域外。奧運選手具有在地及國際社會的影響力；也就是說，他們可以扮演運動場域外的道德典範（如向毒品宣戰） 或非道德的角色〔也就是所謂的「奧林匹克社會責任」（Olympic / organizational social responsibility, OSR）〕。有關奧林匹克社會責任，Bayle（2018）也提及運用到教育、社會及和平的領域中，這也是國際奧會遠大的理想及想要透過運動來打造一個更美好的世界。今後，國際奧會等相關組織也可多加思考以下的一些策略：

> 修改為完全以運動表現的運作模式，並將重心放在可促進奧林匹克社會責任的方案與策略上，而且是由下而上的運作模式，不是由上而下的角度來運作；分享不同國家如何推動發展全民運動的成功案例；建立一個國際性透過運動來促進社會發展的組織，或與一些夥伴結合來爭取一些基金作為發展平臺；建立一個世界組織來協助國際性的運動治理。（Bayle, 2018: 16）

例如：2018 年韓國平昌冬奧期間，南北韓運動員為世界和平做了一場良好的示範進場動作，這些都需要相關單位的通力合作才有可能達成。

有關奧林匹克社會責任部分，這個世界上還是有許多社會及道德上的課題有待大家來解決，如性別平等、偏鄉兒童及貧富差距，或促進健康生活型態等還是須受到關注。有些奧運選手也已扮演公益大使或宣傳的角色。我們確信奧運選手具有能力來為他們所在的社區做一些改變、傳達精神並對社會有正向的影響力。國際奧會於 2018 年也獎勵資助了六個奧林匹克組織，來協助它們推動事務。這些資助可幫助許多奧運選手來為當地的社會，做一些正面的改變。此一資助起始於 2016 年，由世界奧運人協會提出要獎助世界各地透過體育運動推動社區發展與教育的計畫，包括在印度所推動的防溺水教育計畫及辛巴威奧運選手的養雞場計畫等。以下是 2018 年所獲得獎助的計畫，或許剛成立不久的臺灣奧運人協會也可參考並嘗試提出相關計畫：

1. 帛琉奧運人協會：「Maximising the appeal of Olympic sport」計畫；推動帛琉青年參與技擊類的奧運項目。

2. 日本奧運人協會：推動 2021 年東京奧運會的學校奧林匹克教育計畫；「dream big, inspire a generation」計畫。

3. 東歐摩爾多瓦共和國奧運人協會：「Building an inclusive culture of Olympism」計畫；建立一個具有奧運精神內涵的文化；激勵貧窮年輕人參與該國的體育運動活動。

4. 西非維德角共和國奧運人協會：「Olympians for Sports4Life」計畫；提升女性參與運動並擔任該國領導角色的機會。

5. 智利奧運人協會：「Olympics for the Youth」計畫；提供智利弱勢兒童參與運動的機會。

6. 美國奧運人及殘奧人協會：「Wish of a Lifetime」計畫；推動尊重銀髮長者世代，並幫助資深市民圓夢的計畫。

六、結語

　　從上述的討論中，或許，我們無法過度強求所有的運動員來擔當道德典範的社會責任。事實上，許多知名的運動員（包括奧運選手）也同時面臨運動生涯過後（life after sports）的生存或轉職銜接的問題。頂尖運動員研究者，Hee Jung Hong（2018）曾對世界上許多退役運動員銜接轉職過程做了很多研究，並已發展出一套教育心理課程給這些選手。她指出，對許多運動員來說，這是最困難的挑戰。一旦少了運動場的舞臺，他們通常面對這種突然的轉換退役場景，會出現極度的落寞感，而開始缺少任何追求其他事物的動力。普遍皆會產生憂鬱症、焦慮症及酗酒，或甚至濫用藥物問題皆隨之而來。要特別注意的是，這些選手退休的年紀其實都很早，通常大約都是30歲左右或甚至更早。

　　不過，就知名運動員如國家級選手或奧運選手來說，因為其本身的知名度具有一定的影響力，且若我們也認同先前所提的奧林匹克精神與終極性作為良善人類的幸福概念相契合，那就有必要使這些頂尖的運動員至少**在運動領域內**扮演正確的行為。至於在運動場域外，我們僅能希望在所有參與運動賽會的相關成員能夠發揮集體力量，協助並鼓勵頂尖知名運動員能夠認識自身所具有的特殊光環與潛在的社會責任。

作者與尼德蘭奧運游泳國家隊的總教練Marcel Wouda

基本上，知名運動員（如奧運選手）究竟有無義務來扮演運動場域內外的道德典範角色，的確還有值得討論的空間。筆者最後引用現任尼德蘭國家游泳隊的總教練 Marcel Wouda 在閱讀完本文後，請讀者深思的問題：（原文如後）

親愛的立宏，

過去一週，我讀了你的文章。我必須承認我對內文感到驚奇。是的，當然我了解到身為奧運選手具有特定的責任。然而，我從未想到從學術的角度來看待。在閱讀的過程中，我腦海出現許多想法。

在尼德蘭，我們對於人們是否有義務做多餘的事物有不同的文化見解。我們國家的確有一些明星運動員，但不多。在尼德蘭，我們有一個說法是說，做一般正常事務已經夠瘋狂了。另一個說法是，假如你想要強出頭的話，你也必須要付出代價。我提出此一看法是說，奧運選手自動扮演社會典範的角色不太出現在我們的文化中。

我的確為身為一個運動員感到抱歉。我相信許多年輕兒童之所以一開始會參與運動，是因為他們受朋友的影響、家長的參與或因為他們有崇拜的英雄等因素。所以在我看來是他們可以選擇在運動場上具傑出表現，但卻無法選擇自身是否應扮演一個典範角色。因為除運動表現外，還要擔負許多責任。所以，問題是：我們真的需要好好教育我們的運動員適任此一角色嗎？運動員應如何學會扮演一個「好的」典範？

在閱讀完你的文章後，我覺得你提出了一個很重要的論點，來回答你一開始提出的問題。在我看來，**奧運選手**似乎不可避免要擔負起這樣的責任。

最佳祝福, Marcel

2018/9/24

尼德蘭奧運游泳國家隊的總教練

Dear Leo,

Over the last week I have read your paper. I have to admit I was quite surprised. Yes of course I realized being an Olympian brings certain responsibility. Yet I never thought about it from an academic point of view. A lot of things popped up in my head while reading.

In the Netherlands we have a different culture towards people that do extra ordinary performances. Without doubt we have our sportshero's. But not many. We have a saying in the Dutch language; act normal that is already crazy enough. And another: If you stick your head above the mowing field it gets chopped off. I bring this up because the automatic role model theory that come with being an Olympian seems a lot less in our culture.

I do feel sorry for an athlete. I believe young children start participating in a sport because their friends do it, their parents are doing it or because they have a hero. It seems to me that is they really excel in what they are doing they have no choice in being a role model or not. It carries a lot of responsibility.

So, do we need to better educate our athletes to be better equipped for this role?

And how do athletes learn how to become a 'good' role model?

After reading your full paper I do feel you make a great point about your initial question. It seems Olympians can hardly avoid that responsibility.

All the best, Marcel

2018/9/24

Head Coach of Dutch Olympic swimmers team

參考文獻

Bayle, E. (2018). "Olympic social responsibility: a challenge for the future." Edited by Bayle, E. and Chappelet, J-L. (2018). *From Olympic Administration to Olympic Governance*. London: Routledge. pp. 16-31.

Etchells, D. (2018). "WOA honours Olympians for Life inductees at Pyeongchang 2018" from *Insidethegames* reported by Daniel Etchells, 18 February, 2018.

Feezell, R. (2017). Playing Games: An introduction to the philosophy of Sport through dialogue. London: Routledge.

Feezell, R. (2013). Sport, Philosophy and Good Lives. London: University of Nebraska Press.

Girginov, V. (2018). "Winter Olympics: why it's wrong that Russian athletes are guilty until proven innocent". from "THE CONVERSATION", February 9, 2018. https://theconversation.com

Hong, H. J. (2018). "Top athletes struggle to adjust away from limelight – more should be done for them." from "THE CONVERSATION", May 1, 2018. https://theconversation.com

Hosta, M. (2002). Good sportsperson-good human being. *KinSi, 8*(2), 26-34.

MacIntyre, A. (1999). Dependent rational animals. London: Duckworth.

Olympic Charter (2018). Excerpted from: https://www.olympic.org

Pavitt, M. (2018). "World Olympians Association award grants to six projects" from *Insidethegames* reported by Michael Pavitt, 11 March, 2018.

Petrie, K. (2017). Olympic/ism Education: Does it have a place in Physical Education? *Diagoras: International Academic Journal on Olympic Studies, 1*, 153-168.

Pike, E. (2017). The social responsibility of the Olympic Games: Olympic women. Olimpianos – *Journal of Olympic Studies, 1*(1), 1-14.

Robinson, S. & Parry, J. (2018). The impact of corruption on individual athletes, teams and organizations (chapter 7). *Corruption in Sport: Causes, Consequences, and Reform*. Edited by Lisa A. Kihl. London: Routledge, pp. 91-109.

Shields, D. & Bredemeier, B. (1995). Character development and Physical Activity. Champaign: Human Kinetics.

Spurgin, E. (2017). "Are Coaches Obligated to Serve as Good Role Models?" From *Philosophy: Sport*. Kretchmar, S. (2017). (eds) Macmillan Interdisciplinary Handbooks. Chapter 11, pp. 185-202.

寫給教練與家長

運動教練哲學、倫理學
在體育中所扮演的角色

Part II

第五章
民主式教練哲學之解析

許立宏、關根正美[1]

許立宏

臺灣體大教授，中華奧會教育委員會委員，著有9本奧林匹克與運動倫理教育等專書，現任成人游泳國手。曾獲得多次臺灣成人泳賽冠軍。

專長：奧林匹克教育、運動倫理學、教練哲學、游泳、水球、重量訓練。曾參加過十屆大專盃泳賽及全運會水球賽，並獲得冠亞軍。指導過98學年大專盃泳賽乙組選手，並榮獲冠軍（榮獲第45屆中華嘉新體育特別獎）。

關根正美（Masami Sekine）

日本體育大學運動科學學院教授、奧林匹克運動文化研究所所長、日本運動哲學學會副會長。

專長：運動哲學、教練哲學、奧林匹克研究。

---

1. 關根正美（Masami Sekine）目前為日本體育大學運動科學學院教授。本文主要內文係參考關根正美先前所發表的論文而改寫。感謝關根教授的授權使用。Sekine, M. (2018). The Philosophy of Coaching: What is the Democratic Coaching of Hans Lenk？《國立臺灣體育運動大學學報》，第7卷第2期（107.06），37-50頁。

一、前言

　　近幾年，位在東亞日本的體育運動界對於體罰與暴力這個研究議題有很多關注（Suzuki, 2014; Matsuda, 2016）。這個議題受到大眾關注的主要原因是出現在 2012 年，日本當時有一位高中生因為受到籃球教練的體罰而導致自殺身亡的悲劇。在日本，有許多運動競賽除了比賽強度很高以外，這些運動比起其他的文化活動需要更多的體能訓練量。由於像籃球這樣需要肢體接觸的活動與文學或音樂不盡相同，因此，長久以來，運動常會被視為一種與體罰及暴力最接近的型態。尤其是在高度的競爭運動中，所需要的幾乎是每日的訓練及團隊的經驗配合來達到追求勝利的目標（Sekine & Hata, 2012）。為達勝利，運動員與教練有可能會想盡各種辦法來達到此一目標。有時，這些手段可能甚至包括限縮個人自由及思考的情況。在現代運動的訓練環境對教練來說，最困難的問題是，一方面想要贏得比賽，但同時也要維護個人自由及人道的對待。此次事件所突顯的是，在日本的社會中存在已久的教練體罰與暴力，以及學長學弟制對運動員（學校兒童）身心所造成的影響。這也導致另一個日本社會中的問題，也就是對於退役運動員退役的後續影響。幾年前有一個案例便是有一位退役的棒球選手被逮捕，因為他過去在擔任教練期間曾經出現過許多暴虐球員的行為。所以，一般認為，現今的教練都會面臨兩個重大問題：第一個是需要建立一套屬於自身的教練風格模式，而不能僅只依賴體罰或暴力（Nishiyama, 2014）。第二是，我們期待發展出一套對運動員未來職涯或第二個相關生涯有效的教練方法論。這兩個任務對維護運動社會的純潔完整性及教育價值是很重要的。本章在於探討民主式的教練概念，我們將探討德國奧運划船金牌教練 Hans Lenk 思想如何運用此一概念，希望能提供一個有效解決上述所面臨的兩個挑戰，並且也將檢視此一理念如何用來解決現今運動社會真實情況所產生的問題。

二、Karl Adam 的民主教練模式

不論是「用民主式方法來帶領一個運動代表隊」（running a team in a democratic manner），或者是指「民主式教練風格」（democratic coaching style），一般來說是以運動員爲中心來運作的團隊管理模式；也就是以一種平和、無暴力的溫和方式的帶隊方式。不過，這樣的教練風格眞的適合現今世界運動競賽的舞臺所強調，勝利是最終所追求的目標嗎？從文獻當中，我們找到第一次採「民主式」（democratic）教練方式是在 1950-1960 年代西德時期划船隊訓練時所使用（Lenk, 1982）。在本文會探討的不是此一字義的由來，而是眞正去檢視運動世界當中實際上運用民主式教練的歷史案例。美國記者 David Halberstam 曾寫了一本書 *The Amateurs*（Halberstam, 1985），內文描述了 4 人制划船隊追求奧運金牌的故事。故事中提到，他發現有兩種教練方式所產生的衝突。一種爲東方式，一種爲西方式。後者代表美國划船隊當時的訓練方式；而東方的教練式指 Harry Parker 與 Tony Johnson，他們爲 Joe Burk 與 Karl Adam 的信徒，也就是當年爲西德的 Ratzeburk 划船隊的教練。當 Adam 的代表隊贏得 1960 年奧運金牌時，他的教練風格便開始影響了美國的訓練文化。

在 Halberstam 的描述中，Karl Adam 正是運用民主式教練風格操作的教練。哲學家 Hans Lenk 出生在 1935 年，剛好就是 1960 年羅馬奧運 8 人制的德國划船隊選手之一。他後來成爲一個哲學家，並執教於德國 Karlsruhe 大學。在羅馬奧運訓練期間，他的教練就是採民主式風格的 Karl Adam。經過這樣的訓練方法之薰陶，Lenk 描述了當時 50-60 年代這樣的訓練方式：這是一種運用讓選手解放及具啟發性的（mündiger Athlet）理想訓練模式，也就是可以讓選手很務實參與討論的訓練方式。

「民主式教練」（democratic coaching）也有許多不同的訓練風格與方式，在本文所指的僅限於 Hans Lenk 在其著作中所提的運動哲學。「民主式」（democratic）這個名詞在他的文章中是指實際發生在歷史事件的方式，而非就字面上的意義來看。根據 Lenk（1986）的說法，民主式教練爲一種**「透過管理、教練、運動員參與共同課題討論的一種集體共識，並尊**

重運動員而做決策的過程方式」，並且這樣不會仰賴外來的強制力或暴力而受到干擾。比如，這樣的教練風格，教練與選手的關係便成為一種有如「**自我與他者**」（**self−others**）的關係，而非像小朋友與教師在學校中的關係。**民主式教練本質是一種教練與選手相互尊重，並參與決策的過程。**以下將進一步將此概念加以闡釋。

三、Lenk 對「民主式教練」的定義

（一）三種教練型態

　　根據Lenk（1987: 73-76），一般來說，運動訓練當中可區分為三種教練風格或型態：即(1)權威式教練；(2)放任式教練；(3)民主式教練。在權威式教練當中，所有的指令皆由教練本人所下達，這樣的指令必須在任何的訓練條件下完全被遵守或接受，哪怕只是一般正常的訓練或比賽策略的指導。在第二種放任式的教練風格，剛好相反，是指所有的訓練事務皆由選手自行決定，教練從不下達指示或負責指導。而第三種民主式教練風格，是基於選手與教練討論過程中來完成。

（二）民主式教練的特性

　　Lenk 提到「民主式教練的最重要特徵，便是相互討論後所共同的決定，並且，教練所提供的建議指導僅只作為可幫助自我督促的參考。」（Lenk, 1977: 111）在權威式的教練模式中，選手的訓練課表，乃至比賽的戰術等決定權完全由教練所掌控，選手不被允許反抗這方面的決定。然而，在民主式的教練運作下，教練不一定每次訓練都要到場指導，同時選手也被鼓勵可以表達自己的看法。Lenk 描述了民主式的教練可作為「在一個較大框架的範圍下，去建立及指導選手自身的訓練課表內容。」（Lenk, 1977: 111）而「教練僅是出現在非常重要的關鍵比賽中，特別是在賽前一晚，當所有的選手齊聚時，所有成員可以相互討論如何迎戰下一場比賽的戰術，這時，運動員的意見與教練的自身經驗也要全盤加以考慮。」（Lenk, 1977: 111）民主式的教練指導過程，並不強調假象的隊友間的表面

和諧，而是追求終極性的勝利或更高的表現。事實上，用傳統且權威式的教練模式也可達到這樣的勝利或提高表現的目標。Lenk（1977: 112）提到一些過去實際發生的例子，在這兩種模式的教練指導下，皆可達到所要的理想結果。換句話說，這兩種方式在過去的奧運會及世界與歐洲錦標賽經驗中，皆可帶領選手贏得想要的勝利結果。因此，若從結果論與想要的運動成就角度來看，我們沒有辦法比較這兩種教練型式孰優孰劣。

不過，這裡所要強調的地方是，民主式的教練模式比起權威式的教練，也可達到想要的比賽勝利結果。此外，Lenk（1977）也特別提到，放任鬆散式的教練模式，較無效率，且較難達到想要的運動表現結果。民主式教練的另一個重要特性，在於參與式的討論。重點在於運動員有無被給予充分的機會來參與共同企劃，並主動與教練來討論做決定的過程。當然，在某些情況下，也有運動員會完全按照教練的建議及經驗指示來做訓練，而不需要有任何討論。這樣的教練模式還是可被稱為一種民主式的教練運作模式，因為在此一情況下，即使雙方有不同的意見，教練還是很願意傾聽選手的看法，並對運動員的回饋給予對等的考量。民主式的教練在於強調討論的重要性，運動員可以對訓練及戰術自由表達他們的看法，並達到一個共識。

四、民主式教練的優點與缺點

從以上對民主式教練特性的討論中，至少我們可先提出一個對運動教練方式的建議，那就是可先排除放任式的教練模式，因為任由運動員自由去做任何決定，其所帶來的結果確定是行不通的。若非強調是競技運動的身體活動，只是三五好友一起玩籃球鬥牛賽，那或許放任式的教練還可說得過去。但在以強調勝利為主的高競技運動環境中，民主式教練還是會比較優於放任式教練模式。而在高競技運動環境中，大部分的選擇皆是介於其他兩種教練模式。當想要達到最大的競技表現時，大部分的情況是，許多人還是會選擇權威式教練模式。所以，在此比較重要的問題是，民主式教練模式實際上是否真的對教練及運動代表隊較有效？ 特別是在高競技的

運動比賽中。雖然民主式運動教練模式標榜為一種理想模式，但其實也是有條件的運作模式，它並不適合所有比賽水準的運作模式。根據 Lenk 的說法，「民主式的運動教練模式並不適合業餘的青年運動代表隊或運動初學者，但可能較適合大專運動代表隊成員。」（1977: 115）也就是說，民主式運動教練模式只限於特定的運動成員。因此，民主式教練模式並不是萬靈丹，它也必須考量年齡及環境的情境。特別是針對兒童、青少年或需要更多成人所指導的情境，權威式教練模式可能還是優於其他教練模式。

　　另一方面，民主式教練模式對某些運動員來說，也較具有戲劇性的效應。例如：大專生運動代表隊就較為適合。大專生運動員習得知識及理性思考的途徑，通常是透過上課聽講、閱讀及實驗。因此，他們也是透過這樣的智性思考模式來發展如何運用現有的資源來達到勝利的目標，如了解技術理論、生理學或訓練理論來達到運動比賽的目標。但這裡出現一個問題：大專生運動員會不會因此而變得更像機器人般的訓練模式？或是比較變得更加會運用有智慧的討論模式來完成所要達到的目標？民主式的教練當然是指後者。所以對教練來說，實施權威式的掌控是不會更有效果的。但假如教練選擇民主式模式，學生運動員們不只可以運用自己的智慧去學習如何增進個人的運動競技能力，也會提升最後獲得勝利的可能性。儘管如此，並非所有教練喜歡這種模式。Lenk（1977）就提到民主式的教練模式並非適合那些以傳統觀念為主，且自以為自己很強壯的划船運動員。民主式教練模式並非是一個較易實施的方法，因為它具有高度複雜性，且需要更多進步性的思考模式。民主的方法也不能用在所有的情況中。它並不是萬靈丹，但在某些條件下，卻是一種有效的藥可協助達成戲劇性的效果。由於 Lenk 本身在 1960 年奧運就是西德划船代表隊的一個成員，他親身經歷民主式的教練帶法，且將此方法導出為正式的理論，他認為此一方法並不適合年紀較輕，且未成熟的運動員。若運用在高中以下程度的運動員，可能會導致運動表現不佳，且很少有討論的狀況。所以，民主式教練模式並不適用於所有年齡層的運動員。但它究竟對運動員會產生哪些效應呢？ 且透過此一模式，我們會對運動本身產生哪些期望呢？這有待我們在下一節繼續探究下去。

五、團隊的勝利成為個別成員的勝利

即便民主式教練對培養運動員品格具有重大的影響，Lenk 並不滿意這樣的單一教育價值。因為在運動比賽當中，競爭具有不可避免性。除了在1960年羅馬奧運獲得金牌外，Lenk 也帶領德國划船隊在歐洲杯與世界錦標賽獲得最後的勝利。因此，我們很難忽視教練帶隊風格對增進比賽技術的影響層面。不過，逐漸增進個人技術並不足以保證會贏得比賽最終的勝利。雖然量化的能力，如肌肉力量及耐力等為贏得比賽的必要條件，但也要同時考慮到成員間的社會性互動關係。例如：若隊員間為了個人地位尊嚴起了衝突而產生情緒性的摩擦呢？就此一狀況，即便一個隊員提升了自身的體力或肌力，但也可能會造成一個團隊的失敗。所以，民主式教練是否也會對團隊造成實際負面的影響呢？若團隊成員在討論訓練過程中彼此都有不同意見進而造成衝突，是否也有可能會影響訓練成果呢？同樣的道理，民主式教練也可能會因為賽前聚會產生不同的意見，因而降低團隊的精神士氣，這就是一般所謂的內部成員起衝突所導致表現不佳的原因。Lenk（1977: 113）認為民主式的教練帶隊風格，也可能會造成團隊內部成員間的緊張性與衝突。這樣的情況並不是沒有，但若教練本身具有較受到敬重的權威性，則會較少發生。

實際上，德國的划船隊曾出現內部衝突過，而 Lenk 當時為其中的一個成員。該隊當時是接受民主式的教練帶法，但內部成員彼此並不和睦。Lenk（1977: 142）回憶當時的情景：在那一艘小船上，隊員間彼此很自然會互相較量實力，且不可被其他的成員取代，因為大家的能力都很接近，所以彼此會想要不斷證明自身的價值。由於比賽所帶來的壓力愈大，隊員們就會想要更努力求表現，加上教練所帶給每位成員的身心耗竭，以及恐懼自己無法承受到一個臨界點，所以會更投入時間與能量的付出。隊友，甚至外來的教練或同事等外部因素都可能造成所有隊友間的特殊挫折感受，尤其是在比賽之前的訓練期間更為明顯。

不過，儘管出現隊員間的衝突，Lenk 的划船隊最後仍然贏得奧運金牌，並且他甚至帶領另一支 8 人制的划船隊也贏得世界冠軍。這裡很清楚

的顯示，民主式教練所造成的內部間的衝突，並不會導致任何運動表現水準的下降。不過，在此要考量的是，內部衝突的意義。通常，適合這種民主式教練的團隊成員都具有一致性想要達成的目標。這樣的經驗必然與一般人的群聚是不同型態的。

根據 Freud（2001: 85），在團體中，具有高度智性的活動通常會被集體式的單一思維壓抑下來。要避免此問題發生，或去除這樣的缺憾，他指出要想辦法在團體的形成過程中也要保有每位成員的獨特特質。他進一步提到，「無組織的團體」（unorganized group）會喪失特色。其成員的表現有如烏合之眾，可能會出現脫序且野蠻的行為。按理說，民主式教練下所訓練的團隊應該是屬於「高度具有組織性的團體」（a highly organized group）。所以在這樣的團隊中，如何保有個人的特性便成為一個重要的議題。因此，在這樣的民主式教練運作下，我們不可能讓所有團隊成員從頭到尾維持單一性或順從性。因為，根據 Freud，假如一個團隊的形成是完全的整合或完全順從，這樣的團體的智性活動層次是低的。

在高度組織的團體中運作民主式教練模式，內部的掙扎是不可避免的。這是指在高度的團體當中，不太能容許任何非常和諧的關係出現。此外，這樣的團體是具有非常明顯的不同個性的成員。因此，會出現衝突及內部掙扎的情況來保有個人的身分特質。團體中的每位成員必然會維護自身的尊嚴、自尊及想要達到自我實現的意志。對於運動員來說，自我實現可以用許多角度來解釋，但必須在民主式的教練運作情境下達成；也就是要達到勝利與增進運動比賽的最終表現。然而，若一個運動團隊所有成員皆被允許帶著自傲及過度自戀的自尊心上場，則這是不可能達成任何共識。此時，就是討論與對話可以有效運作的時刻。經由討論與對話，可以疏通團隊個別成員的自傲與自戀來奠定團隊勝利的自我實現基礎。在這樣的運作下，團隊的勝利也就會同時變成每個人的勝利。這並不是從宗教心理學的角度來運作，而是從討論與對話所達成的結果而言。透過民主式教練的運作，一個團隊共識的達成僅能用語言上的討論與對話，而非外部的力量或宗教信仰。

六、結論與未來展望

　　民主式的教練運作模式最先開展，是由德國划船教練 Karl Adam 所提倡。然後，經由 Hans Lenk 教授將它變成理論。對教練與選手來說，此一看起來非常具有吸引力的教練方式除具有教育的價值，同時也具有務實達成競技上的成果。然而，Lenk 也提到這樣的教練方式並非為一種完美的模式。這種模式可容易運用在學科學習的互動上，因為可有效刺激教師與學生之間的良性互動。在此，我們可做兩個小結。首先，就 Lenk 所提出的民主式教練模式來說，的確可以不用到體罰或暴力方法，也可達成提升運動成果或表現。其次，團隊共識是可以透過討論及對話的過程來達成，這樣的過程可幫助運動員理性討論等智性活動能力上的發展。運動表現與智性活動通常被認為兩者完全不相干。然而，透過討論與對話的運作其實是可提升彼此的境界。其主要功能不在於獲得知識，而是在於增強思考的技巧，以便找出問題並解決問題的方法。民主式的教練，可以作為思考技巧的訓練方法。

　　現今，電腦數位資訊日益發展迅速，許多知識已不能立即滿足工作之所需。同時，新的問題不斷產生。然而，現今全世界有許多地方仍是採用傳統的教育方式，以獲得知識為導向。不過在當代社會中，以知識為基礎的教育方式在職業教育與道德教育中已出現許多瓶頸。在這樣的環境下，如何透過民主式的討論與對話訓練模式來作為職涯發展及陶冶品格已變得非常重要，甚至比起當年 1950 年代末期到 1960 年代時 Hans Lenk 所初次經歷的教練運作模式還要來得更為重要。

▎參考文獻

Freud, S. (2001). Group psychology and the analysis of the ego. The Standard Edition of the Complete Psychological Works of Sigmund Freud, Volume ⅩⅤⅢ. The Institute of Psychoanalysis (Transl. and Ed.), Vintage: London, 69-143.

Halberstam, D. (1985). *The Amateurs*. William Morrow and Company: New York.

Lenk, H. (1977). *Leistungsmotivation und Mannschaftsdynamik*. Karl Hofmann: Schorndorf.

Lenk, H. (1982). Tasks of the Philosophy of Sport: Between Publicity and Anthropology. *Journal of the Philosophy of Sport, IX*, 94-106.

Lenk, H. (1987). Leistung im Brennpunkt. Deutscher Sportbund Bundesausschuß Leistungssport: Frankfurt.

Matsuda, T. (2016). The semantics of corporal punishment in school athletics clubs. *Japan Journal of Physical Education, Health and Sport Sciences, 62*(2), 407-420.

Nishiyama, T. (2014). The Acceptance of Corporal Punishment in Japan: The Japanese Culture of Physical Education as Case. *Japan Journal of Sport Sociology, 22*(1), 51-60.

Sekine, M., Sugiyama, H. and Hata, T. (2006). Sport philosophy plays an important role for the Olympic Movement and Olympic athletes: On the papers presented in "Sport Philosophy Colloquium 2006" in Tokyo. *Journal of the Philosophy of Sport and Physical Education, 28*(2), 111-118.

Sekine, M. & Hata, T. (2012). What we can get in sport: Between victory and achievement. *Portuguese Journal of Sport Science, 12*, 164-166.

Sekine, M. (2018). The Philosophy of Coaching: What is the Democratic Coaching of Hans Lenk? 國立臺灣體育運動大學學報，第 7 卷第 2 期（107. 06），37-50 頁。

Suzuki, A. (2014). "Self-reflection" on Coaching and Teaching with Violence in Sport in Japan: From the Viewpoint of the Historical Study of Physical Education and Sport and the Training of Physical Education Teachers. *Japan Journal of Sport Sociology, 22*(1), 21-33.

第六章
青年運動教練哲學與注意要項[1]

許立宏

許立宏

臺灣體大教授,中華奧會教育委員會委員,著有9本奧林匹克與運動倫理教育等專書,現任成人游泳國手。曾獲得多次臺灣成人泳賽冠軍。

專長:奧林匹克教育、運動倫理學、教練哲學、游泳、水球、重量訓練。曾參加過十屆大專盃泳賽及全運會水球賽,並獲得冠亞軍。指導過98學年大專盃泳賽乙組選手,並榮獲冠軍(榮獲第45屆中華嘉新體育特別獎)。

1. 本文主要內容曾刊登於學校體育雜誌8月號。感謝教育部體育署授權使用。

一、前言

　　品格是可以教的嗎？其內容爲何？有無年齡限制？根據美國運動與品格教練專家 Bruce Brown（2002）的看法，上述問題的回答是可能的且無年齡限制。不過教育是要愈早扎根愈好。美國中學校際運動協會（National Association of Intercollegiate Athletics, NAIA）目前發展出**五個核心價值**，並希望這五個核心價值可以從運動場上帶進一般的日常生活中來幫助年輕學生，不只對運動場上的情況來做決定，也可應用至人生當中，並反省比賽當中眞正的精神。這五個核心價值通常須三個階段來完成：

1. 定義：每次只提一句話或一個概念
2. 針對特定運動員所需的選擇
3. 留給選手及團隊可討論的問題

　　身爲一個教練必須很清楚表達其所期望的看法及價值，並將這些價值細微的表達、練習、形塑及讚揚在每日的訓練當中。提供運動員有機會學習，並表現出身爲一位運動員一般人所應表現出來的品格。青年運動員應該能夠學習並表現出以下幾個品格特質：

- 具可受教的聆聽力、準時及專注力
- 欣然接受改正的能力
- 守信及有始有終的能力
- 理解到不用發脾氣來比賽或成爲一個競技運動員
- 誠實並遵守比賽規則與精神
- 幫助他人
- 勝不驕、敗不餒
- 了解規則的價值
- 要有團隊意識及避免過度自我的行爲

- 發展領導技能

- 融合所有所學的訓練課程於相關的價值中，並成為一個有品格的人

　　身為一個教練其主要目的是運用運動，來教導運動員成為一個更好的人。將當教練的過程視為一個可改變運動員行為標準，並將之提高到最好的境界。這不是一個教練可以選擇要不要做的課題，選手本身不會主動到教練面前產生這些特質，而是須經過教導與學習。透過體育運動競賽是除了家庭教育外最適合呈現這些學習的管道，來學習**尊重、責任、正直、僕人領導及運動家精神**。

　　接下來，筆者將剖析解釋這五個核心價值如何幫助年輕運動員展現品格力：

- 尊重：學習運作發展出正確的自信心
- 責任：學習成為一個值得信賴且有自律的人
- 正直：學習做對的事
- 僕人領導：學習成為一個隊友及領導者
- 運動家精神：學習尊重運動比賽的精神

二、尊重：學習運作發展出對的自信心

（一）工作習慣的養成

1. 賽前

　　透過參與運動比賽前身體及心智的鍛鍊來達到成就感，並將之運用到課堂上及個人的生活中。養成好的工作習慣主要所採取的方式為積極主動的態度來預做準備，這樣才有機會建立成功與自信心的機會。別人會因此對你較信賴，也可建立較深度及穩固的友誼。

2. 賽中

　　積極主動的態度，我選擇：

- 成爲一個主動積極者

- 強烈學習的態度

- 守信

- 不拖延事務

- 有始有終

- 專注整個練習不會受到分心

- 持續性盡力而爲

（二）信心的培養

1.賽前

　　眞正的信心與高傲或耍帥行爲不一樣。運動上的信心比較像一種安靜的信心，這種信心主要是幫助運動員可以專注及產生一種正向能力。教練必須去除運動員出現在電視上的那種高傲自信心，千萬不要把自信心與自我中心或自我吹嘘混爲一談。具有安靜的內在自信運動員，會有較好的運動表現。

2.賽中

- 不須過度注意自我

- 勿過度膨脹自我

- 學會與他人握手及有自信的介紹自己

（三）思考與提問

1. 你最尊重的人爲何？爲什麼？

2. 你知道誰最努力在工作？

3. 哪個運動員是最受尊敬且自信的？

4. 你如何在自己隊伍中展現尊重？在對手前呢？

5. 你如何在家庭中展現尊重？

（四）賽後：勵志語

- "When I was young, I never wanted to leave the court until I got things exactly correct." – Larry Bird（當我年輕時，我從未想到要離開球場直到我把事情做對。）

- 好的開始就是成功的一半。

三、責任：學習成為一個值得信賴且有自律的人

（一）可信賴

1. 賽前

運動員有責任讓人可以完全信賴。信賴感的建立是介於隊友與個人之間的相互認識與付託，這種能力是需要每日的力行實踐。好的團隊的個別成員會培養一種強烈的團體責任感，也就是同甘共苦的情感。每位成員都會承擔彼此的責任與過失。個人成功固然高興，但團隊的成功更值得慶賀！學習相互合作、彼此信任，讓每位成員都覺得自己很重要。

2. 賽中

身為一個可信賴的運動員，我選擇：

- 遵照指示：當指示下達時可以執行達到最好的能力表現

- 專心自我的工作

- 勇敢面對問題不會找藉口

- 面對過失不會責難他人

- 了解所有行為所產生的結果

（二）有紀律

1. 賽前

運動員一定要有紀律。對一個真正的運動員來說，紀律並不是一種處罰，而是一種正向的承諾來幫助個人或團隊完成所需要的最佳狀態表現。紀律簡單來說，就是專注與努力投入。有紀律會產生更有效率的練習與有

意義的學習。成為一個有紀律的運動員，可以值得更加信賴且具可受教的精神。成熟的運動員會將批評、指正當作是正向的改善空間，這可從肢體語言及文字中體現出來，如提到「謝謝教練對我的關心，並相信我還可進步」。

2. 賽中

作為一個有紀律的運動員，我選擇：

- 總是到場練習
- 主動工作、聆聽及學習
- 具有可受教精神及視批評為改正動力
- 虛心受教
- 聽從教練、父母及教師的指導

（三）思考與提問

1. 你最信賴的人是誰？為什麼？
2. 你最熟悉的有紀律的人是誰？為什麼？
3. 你對整個團隊的責任為何？
4. 你對家庭的責任為何？

（四）賽後：勵志語

擅長找藉口者，很少能完成做好任何事。（Benjamin Franklin）

四、正直：學習做對的事

1.賽前

正直是一種對每天生活的行為抉擇。運動員要遵循自己本身的信念與承諾來行動。言行必須一致，是就是、不是就不是。具正直特質的運動員會循正道做他所說的話。言語是善良的、握手是堅定的、簽的字是有效的，也是受尊重的人。第一步建立成功的團隊，與一群正直的人為伍。正

直是一個簡單的概念，對正直的人而言，生活是很簡單的。要時時做出倫理上的正確行爲並不是那樣容易，但我們可以知道哪些路徑是最符合倫理並加以運作執行。

2.賽中

　　成爲一個具正直的運動員，我選擇：

- 講眞理
- 承認自身的錯誤
- 了解欺騙的意義並拒絕違反比賽規則
- 不鑽規則上的漏洞來占便宜
- 用行動表示來榮耀自己的隊伍及家人

（一）思考與提問

　　1. 在你生命中，哪一個人具有正直品格且他們是如何展現出來？

　　2. 具有團隊的正直感，像什麼？

　　3. 如果是爲比賽勝利而欺騙，這算勝利嗎？

　　4. 如何在家人面前展現正直性？

（二）賽後： 勵志語

　　品格眞正的試煉不是在於認知而已，而是在於行動是否也符合一致性。

五、僕人領導：學習成為一個隊友及領導者

（一）團隊優先

1.賽前

　　好的運動員會理解並展現出團隊優先的態度。具有領導力的運動員了解並會仿效僕人式領導，且總是將團隊的需要擺在個人之前。身爲團隊的一分子，會從以 「我」優先進展到以「我們」爲優先。當一位選手接受成

爲團隊的一分子時，會以「我們」爲優先來扮演各種不同角色而達成團隊的成就。以團隊爲優先的態度，可以讓人選擇協助他人表現得更好。每位成員必須皆有能力來達成所需要的義務，幫助全隊集體運作。

2.賽中

身爲團隊的一分子，我選擇：

- 幫助隊友避免產生過失
- 了解全隊大於個人，且個人也扮演全隊重要角色
- 接受教練及全隊所安排的角色來運作
- 若非我願的運作方式，不抱怨
- 理解並非事事公平如意、隨心所欲
- 讓隊友覺得重要
- 受協助時會說「謝謝」，別人成功時會說「讚美的話」；當有需要時，會挺身說「讓我來協助」
- 歡迎新加入團隊的成員

（二）領導力

1.賽前

最好的團隊領導者爲優先去服務他人，將他人的需求擺在最前面。僕人式領導者會主動優先幫助需要幫助的人，不會因爲工作上的困難或苦差事而逃避責任。這些工作的完成也有可能不爲人知，且無從比較起。僕人式領導者會讓他人信賴且具有言行一致性的品格。一個團隊領導者在言行舉止上，具有扮演他人正向角色的模範。其行爲不會受到質疑，具正面、熱情且展現運動家精神來尊重隊友、對手及比賽的精神。

2.賽中

身爲一個想要成爲領導者的運動員，我選擇：

- 享受隊友的成功
- 優先讓其他人上場或給予多一點關注與機會

- 具備聆聽力
- 尊重他人的意見
- 不占他人便宜
- 尋找他人的優點
- 將團隊置於自我之上
- 幫助他人成功、不居功
- 盡力成為典範

（三）思考與提問

1. 你所知道最好的領導者是誰？為什麼？
2. 你所知道服務他人的最佳典範是誰？
3. 如何同時成為領導者，也是僕人？
4. 你所經歷過最佳隊伍為何？為什麼？
5. 你可幫助這個團隊做些什麼？
6. 你可幫助家人做些什麼？

（四）賽後： 勵志語

- 助人為快樂之本
- 人生以服務為目的，並不求回報

六、運動家精神：學習尊重運動比賽的精神

1.賽前

　　運動家精神是一種正向的對運動員、對自己或他人，良善行為的肯定。它並不是一種被動接受活動的態度，能夠在對的時間點做出正確的行為。這種品格養成的最佳發掘點，是在壓力環伺的情況中呈現。所以，運動家精神是一項選擇。

2.賽中

　　身爲一個有品格的運動員，我選擇：

- 尊重對手

- 尊重權威人士（如教練、裁判、教師、家長等）

- 了解規則與比賽精神間的差異

- 尊重規則及比賽精神

- 拒絕對失敗的對手大叫或歡呼

- 幫助失敗的對手

- 對對手拍背、喊加油或打氣

- 將出界或暫停後開始的球，有禮貌地交給裁判

- 勝不驕

- 在比賽結束時，與對手握手或擊掌時，花一點時間讚美所遇到的對手並表達感激與欣賞之意，如打得很好或好球

- 比賽進行不順時，適時提供鼓勵

- 不輕易發脾氣

- 在做任何決定前先三思一下，免得影響自己或團隊

- 遇到可能會發生對我隊不利的情況，儘量避開此一狀況

- 握手時要眼睛注視對方

（一）思考與提問

1. 可不可以做以下事情：

- 在丟自由球時，大聲喊叫或揮動雙臂？

- 對裁判的判決產生噓聲？

- 對教練或裁判所做出的決定大發脾氣？

- 向對手做出語言批評、攻擊或大叫？

- 刻意擾亂對手或讓對方感到不舒服？或鼓動粉絲來做同樣的事？

- 拒絕與對方握手？
- 當失望時做出褻瀆的行為？
- 產生肢體或語言衝突？

2. 當我隊獲勝時，你會如何反應或看待？
3. 當我隊失敗時，你會如何反應或看待？
4. 運動場外是否可產生運動家精神？
5. 你如何對家人產生運動家精神？

（二）賽後： 勵志語

- 用欺騙手段來獲得勝利不算真正的勝利；運動比賽提供一個機會讓我們了解什麼是對的
- 勝不驕、敗不餒

▋參考文獻

Brown, B. (2002). A Standard Higher than victory. Daily Character Lessons for Youth Coaches. NAIA Champions of Character.

第七章
父母（家長）在競技運動中所應扮演的角色[1]

許立宏

許立宏

臺灣體大教授，中華奧會教育委員會委員，著有9本奧林匹克與運動倫理教育等專書，現任成人游泳國手。曾獲得多次臺灣成人泳賽冠軍。

專長：奧林匹克教育、運動倫理學、教練哲學、游泳、水球、重量訓練。曾參加過十屆大專盃泳賽及全運會水球賽，並獲得冠亞軍。指導過98學年大專盃泳賽乙組選手，並榮獲冠軍（榮獲第45屆中華嘉新體育特別獎）。

---

1. 本文主要內容曾刊登於學校體育雜誌10月號。感謝教育部體育署授權使用。

一、前言

　　孩子在競技運動比賽經驗過程中，父母或家長（兩個名詞以下會交錯使用）若能參與協助是一件好事。無庸置疑的，身為父母本就應該扮演孩子成長過程中的推手。父母的參與會影響他們的小孩、教練、整個團隊、其他的父母及相關的裁判人員。至於如何介入則是身為父母的選擇。本文要闡述的角度，是從運動員的父母所應扮演的角色來看。

　　通常在成長期的青少年，大多被認為具有叛逆個性上的重大轉變。事實上，父母在這過程中的教養態度與方法可能轉變程度更大。雖然父母的反應會隨著運動比賽的運作文化及媒體而有所轉變，但大部分出現的問題主要還是在父母本身。如在美國，現今有過多家長開始越線過度干預孩子所參與的運動。他們可能會更在乎有無球探的關注及升學或獎學金獲得的機會，進而失去了讓孩子原本想參與運動的快樂初心，或是讓孩子在自行摸索中找到自己想要的一條道路。

　　家長在過度關心之餘，可能會在孩子更早時間就投入許多財力來請家教或體能教練及運用各種管道，來幫助子女被選上代表隊或獲取各種資源。為了獲得這樣的資源，也可能迫使子女除了學校的運動訓練外，還加入校外的代表隊或社團來強化訓練，或甚至轉學來獲取這樣的資源。以上這些方法都是家長們短視的作法，這樣也使得運動教練在訓練上產生困擾。

　　身為父母其實在子女參與運動訓練比賽的過程中可以協助許多事，但重點是要能夠得體。家長與教練可以相互合作來為這些子女運動員創造更好及更正面的經驗，但前提要考慮的是，須以這些孩子們的需求為優先。子女參與運動一開始，家長便要與其一同成長，透過運動可增加親子之間的互動與溝通分享能力。通常小孩在 10 歲以下，其參與任何活動主要是要引起並取悅家長的注意。家長因此扮演很重要提供知識來源及被模仿的角色。在這個時候，子女會認為父母的一言一行都是好的及正確的。但隨著子女漸漸長大成人，家長也會發現一個重要問題，那就是該在何時對親子關係做一些調整，或甚至要學會放手。

尤其是子女漸漸長大獨立且開始形成自己的判斷力，這時身為家長需要考慮如何持續介入及保持正面且不會產生衝突的互動關係，來保障子女真正的需求。國內外有許多孩子在 12 歲，也就是大約國小六年級左右就開始有參與競技比賽的機會。以下是美國運動教練品格專家綜合一些專家學者看法所提出的建議，包括比賽前、賽中及賽後三個階段，家長所須注意的相關事項（Brown, 2002）。

二、家長所須注意事項

1. 賽前

在比賽季開始前，家長可以試著思考以下幾個問題：

- 我要孩子們參與運動嗎？若是，為什麼？
- 對身為家長的我來說，成功的賽季為何？
- 我對他們的期許目標為何？
- 我希望他們可以從參賽經驗中得到什麼？
- 我認為他們在團隊中所應扮演的角色為何？

當家長回答了上述這些問題後，請記住自己的想法，然後運用一個較安靜不會受干擾的時刻來問自己的子女以下幾個問題。當孩子們回應時，做家長的應該只是聆聽而不需要講話：

- 你為何要參與運動？
- 成功的比賽季為何？
- 你有何目標？
- 你覺得在團隊中應扮演何種角色？

一旦家長了解到子女的回覆且與自身的想法相比較時，若雙方的回應是一致的，那就太棒了！若家長的想法與子女想法有落差，且孩子們對父母有不同的期許並希望改變一些態度時，家長就需要調整一下。

當落差出現，且家長還是不願放棄原來的想法與期許時，就會出現問題。例如：孩子們大部分參與運動一開始，只是覺得「好玩、有趣或喜歡運動的氣氛」。所以當家長的目標與此不同時，衝突便會出現。假設家長所設的目標是希望子女參加運動比賽可獲得大學的獎學金，此時雙方的認知就有落差。這樣的結果所形成的壓力便不會幫助子女在運動上的表現，或讓整個賽季的相關人員（運動員、家長及教練）都無法充分享受到參與運動的樂趣。

在美國運動文化中，許多運動員會抱怨家長不了解他們的角色，家長會有過多的期待。如此便使得運動員容易產生挫折及誤解，且經常會使運動員夾在家長與教練之間，造成運動員無法好好表現。

在運動賽季中，一定會出現美中不足之處。家長與運動員子女及教練三者之間，多少還是會有一些不同看法。因此在比賽季還沒展開前，運動員及家長間有必要先取得一些共識，相互先了解彼此的想法與期望是很重要的。

其次，身為家長在賽季前要學會早一點「放手」，讓教練及比賽的機制來運作。這個建議主要是來自過去許多家長及運動員成功經驗的回饋。家長應該隨時陪伴及關心運動員狀況，並了解教練的運作模式。特別是當孩子還小的時候，家長必須知道誰在孩子們的生命中扮演什麼角色。一旦確認孩子們所處的環境在身心各方面皆安全無虞，給子女最好的禮物便是放手讓他們去參加活動。如此在賽季期間，家長必須讓他們的孩子融入教練及團隊。早一點讓他們融入，孩子們就會成長的更茁壯。

假如家長覺得需要與教練談一談相關問題，就應該主動告知教練並選擇適當時間與地點來加以溝通。有一些關心是適時需要的，但可能有些狀況是不必要的。比較需要注意到的是下列幾個事項：

可與教練溝通的議題為：

- 心智及身體的對待方式
- 協助進步的方式
- 關心小孩的行為

不適合與教練溝通的議題爲：

- 訓練比賽時間

- 團隊策略或上場時間

- 其他的隊員問題

　　讓孩子放手到運動場上與教練互動的意思，便是告知孩子去學習承擔成功與失敗及解決問題的責任。在人生當中，如交朋友、學業、週末安排或看電影等，很少有像運動場上提供這樣讓孩子們學習放手去勇敢承擔自己做決定的機會與環境。

　　在運動場上所要處理的問題常會有兩難的情況，對大人來說，「說比做」較容易；但對孩子們來說，要眞正去解決問題可能會更難。但這些過程是有必要的，且有助於他們找到解決問題的方式。運動競技場上是最佳的檢驗成功與失敗的場所。孩子們若要發展出有智慧與立即解決問題的能力，最好的方式便是在比賽期間學習如何自行解決自身所產生的問題。在這樣的過程中學習會更有趣，且提供一個更有意義的成長機會。

　　以下三個狀況則是提醒家長應該避免的狀況，因爲這表示家長尙未放手讓子女眞正參與他們想要從事的運動：

- 家長繼續帶著自身期待的運動夢想，強加在孩子身上。當孩子繼續往競技階梯爬上去時，身爲家長應該意識到並區分出雙方夢想可能會有所差異。

- 家長會因爲孩子們的運動成就表現或勝利，而想要爭功分享這是他們的功勞。如向他人說：「這是我教他投的三分球」及「這是我示範給他做的曲球動作」，這些都是展現想要爭功的情況。當運動員被問及此的時候，運動員通常都會回答是爸爸的功勞。

- 家長想要嘗試解決所有子女在運動場上所發生的問題。（「讓我們大家聚在一起並把問題講出來一起解決」或「我會找教練談，來解決此問題」），年輕的子女可能會笑說：「這是我媽」。家長關心

子女在運動場上的學習表現與問題解決方式當然是天經地義，但同時運動競技場上也提供了一個讓孩子們自己想辦法解決問題的最佳場所。家長可以適時告知子女如何與隊友及教練互動，但也應該讓他們自身去解決問題來對自己的行為產生責任感。

以下的另一些情況是家長要避免過度關心，且未能放手讓子女參與運動的提醒事項：

- 當運動員知道如何在場上運作時，家長還想繼續介入指導訓練
- 在比賽前過度為子女操心或緊張
- 當子女失敗或輸了比賽時，過度煩惱或沮喪
- 為子女做了許多賽後忠告的碎碎念作為
- 對裁判的作法採取過度的批判作為

當發現子女在比賽後會想要避開父母或覺得父母的參與感到難為情時，這樣的情況也顯示出父母已有過度介入的狀況，這也點出孩子們會需要自己面對自己的時間與空間。家長應該了解並接受這世界上並無所謂完美的比賽過程，且所有的協助都涉及到很重要的細微判斷與決定。

2. 賽中

年輕人最需要的是典範，而不是批評。運動員通常會在比賽期間需要家長只做三件事，但往往家長有時會因為自己的子女在「場中表現」而求好心切、或過度情緒投入、或興奮緊張等而失控。

為了協助其表現（對運動員及其隊友），身為家長最重要的便是展現良好的模範行為。子女最需要的是家長在場上所給予的支持與信心。家長要讓子女學會在比賽期間能夠控制個人的行為，來面對賽季期間的起起伏伏。過程中當然是可以展現興奮或鼓勵的行為，但假設家長要子女能夠面對各種對抗的情況來產生自信，家長也必須能夠展現這樣的風範。子女須家長不斷地鼓勵，使其對自己產生正面效果並產生自信，並從中也學會激勵他人。子女通常在比賽時會看看家長的表情或暗示來加以表現，這樣

就可了解他是否對比賽有無信心或受到鼓勵等行為的展現。

　　首先，我們建議運動員在比賽期間不需要去看父母在場上所做的任何指導行為或表情。最好就是專心比賽就好。如果不斷去關注父母的暗示好壞或喜怒哀樂、恐懼的表情來參賽，那就踩到紅線，這就表示父母已經過度介入並尚未完全放手讓子女在場上一搏。

　　第二項，父母在場中可做到的是專注在全隊的目標。對教練來說，一個團隊就如一個大家庭，且所有的成員就如家庭的成員一樣。若家長只著重在團隊上面的事物，就可避免將焦點只放在自己的孩子身上，如此也可避免過度干預個別選手的表現。因為有很多情況是家長無法去操控的，如分數、裁判、對手、教練及比賽的整個條件等。當家長採取這樣的態度與行為在他們無法掌控的事物時，會更能釋懷且較能夠敞開心胸來處理比賽事務。

　　第三件事項便是在比賽場上，孩子們只需要一個指導者的聲音。這聲音就是教練而已。如果家長不相信這樣會產生干擾作用，他只要去參加一場任何小孩子的球類比賽並假裝自己是一位小球員，看是否會受到其他家長的干擾，就知道自己的情緒一定會受到影響。

　　在一場比賽中，主要的角色就只有四類：觀眾、比賽者、裁判及教練。所以，任何一個角色只能有一個專業的身分。身為家長一定要了解此一專業工作並加以尊重。假如家長真的對比賽裁判或行政人員有意見，也要了解到這個比賽是由他們在運作，具有權威性及合法性，雖然或許會有許多主觀判定。但不論如何，身為家長是無權在比賽場上去干涉這些裁判的運作。

　　當一位家長批評裁判時，他便是在教導他的子女挑戰權威是可以的。有些人會以為在背後批評他人不會有人發現，但終究還是會被發現。能夠送子女到好的學校並加入運動代表隊，並不代表就可隨意批評他人。

　　每一種運動皆需要不同的技巧及好的激勵者來引導。其中，家長所扮演的角色最敏感的或最困難的，便是與子女比賽之間所介入的身體距離及了解教練與裁判的主觀判斷能力。家長與比賽之間的距離愈近，愈難拿

捏。不過這也看該項運動的特質，若涉及到主觀裁判的運動如球類運動，會與客觀量化的運動如游泳與田徑的判斷有所不同。前者如籃球運動，因為涉及到裁判與教練許多主觀的判決與判斷，身為家長若在現場觀戰，難免會有許多情緒上的反應，甚或有時會質疑裁判及教練的決定或調度。身為家長都會希望自己的孩子能夠有多上場或多表現的機會。因此，要讓家長始終保持客觀的角度來觀戰或介入是一件很困難的事。但身為教練的話，會比較客觀一點。

此外，某些運動如體操及角力運動，家長若在現場觀戰的距離是很接近且非常具有臨場感，主觀的判斷在所難免，家長有時候會很難控制自身情緒。因此必須學習如何控制自己並做出較適當的行為，否則也會影響子女的正常表現。若控制得當，其實子女也會希望家長在現場加油打氣並給予比賽信心；但若常有狀況出現，則許多運動員寧願希望父母待在家裡會較好。

3. 賽後

當教練的人，會需要了解到運動員所給予的回饋經驗。尤其是當選手因為畢業或轉戰他處即將要離開原來所訓練的環境時，教練可能會需要一些選手的訓練經驗回饋。我們可以問問這些年輕的青年或學生運動員在過去幾年的訓練期間，最美好及最不好的回憶為何，以作為後續精進訓練的改進。

在美國教練專家 Bruce Brown（2012）的看法中，孩子們最艱難的經驗是出現在比賽中。然而，對運動員來說，能夠參與比賽最能體現獎賞與成就感的呈現。因為平常的練習，就是為了最後的比賽驗收。最難熬的感覺其實應該是比賽結束後，尤其是當比賽結束後「與家長坐在回程的車子中」。這樣的情況通常會有可能產生信心受損、衝突、困惑或困擾的情況發生。有時很不幸的是，比賽後，許多孩子們不願馬上回家去面對這些質疑或責難。其實他們此時最需要的，不是父母又再一次扮演教練的角色，而是父母身為真正父母般的關懷。

身為家長或父母者，特別在比賽一結束後，要切記勿過度碎碎念，尤其當比賽失敗時，孩子們更需要一些自己的時間與空間去思考及獨處時

間。所有的父母都希望望子成龍、望女成鳳，但也要考慮到親子關係，不要因為一場比賽就把彼此的關係完全破壞殆盡。每一種運動都有其特性，尤其是團隊合作的項目，更需要成員間彼此的合作才能達到成功。這些運動員需要有自信心，以及與教練及隊友建立良好且有意義的人際關係。所以，若比賽回程中，父母用一種酸言酸語來質問子女們的表現是非常不恰當的。諸如像「為何都是小明搶到籃板球得分，而不是你？」、「你應該也可做得到啊！」、「為何教練都不移動位置指揮？」、「為何你們都不傳球到禁區來投籃，而是用跑的？」或「為何教練都偏愛一壘手，卻不是你上場？」，如此也在間接質疑教練的調度有問題。在很多情況，其實年輕運動員不需要也不希望自己的家長去質疑他們的作法、其他隊員的行為或教練在場中所做的調度策略或決策。

　　身為家長可做的，其實是問問自己是否可真正為選手們打氣加油及去幫助建立團隊良好的關係。以下幾個狀況發生時，可先問自己看看該如何處理：

- 當自己的孩子表現很好，但團隊是失敗時
- 當自己的孩子表現不好時
- 當自己的孩子表現的很少或幾乎沒有出場的機會時

　　當以上這些情況出現時，身為家長最好給自己的孩子們有一些思考的空間與時間來加以恢復。當運動比賽強度愈強或選手們的競爭得失心更大時，他們會更需要一些時間與空間來處理這些問題。身為家長們應該讓他們好好的靜下來獨處，直到心情恢復為止。當子女們重新準備好可再出發時，家長們必須先給他們一些安靜的感覺、儘量傾聽及導引他們去思考較大方向的層面。

　　運動員通常在比賽失利後，會比較不喜歡一些被迫性的酸言酸語或洩氣的對話。身為家長最好是收斂自己想講的話，先仔細思考對子女有無幫助，最好是讓他們自己反省並說出口，這樣也可學習找到下次比賽更好的方式。當然也有例外的情況家長必須適時的引導，那就是當子女在比賽場

上出現不當的行為，如不尊重裁判、過度放縱的輸不起或甚至有暴力的行為發生時。即使如此，當家長介入時也要特別注意所有的言行及情緒，以避免事態擴大反而會得到反效果。這時的對話應該是家長對孩子的角度，而不再是家長對運動員。

身為家長也要避免讓子女們在比賽結束後，於對話及互動過程中，讓孩子們以為自己在場上的表現會過度影響或投射到家長的心情。身為家長要避免造成諸如以下的反應，如「當看到我們贏的時候，我爸爸看起來比較開心」、「當我沒有機會上場表現時，我父母總是較安靜」或「我們輸的時候，我爸爸總是要碎碎念告訴我哪裡做錯」等。這些反應可能皆是身為父母在關心子女賽後狀況，因為求好心切而不自覺的讓子女產生出另類不是父母原來所期待的反應。所以，身為家長更要思考可能會出現的反效果。

三、結論：重點總整理

（一）運動員的角色

- 帶著樂趣享受參加比賽
- 勝不驕、敗不餒
- 尊重及遵守比賽規則
- 將團隊置於個人之前
- 接受公正裁判之判決
- 展現尊重對手、教練及隊友的態度
- 對自己的所有比賽行為負責
- 展現出願意虛心受教的精神，並將外部的回饋、糾正、建議當作是好意
- 接受並遵守團隊運動紀律
- 共享團隊參與競技的喜悅並展現榮譽感，切勿展現高傲或自以為是的居功態度
- 做一個有品格的運動員

（二）教練的角色

- 喜愛運動比賽及運動員
- 將運動員福祉置於勝利之上
- 接受並遵守裁判之判決與比賽規則
- 獎勵有努力且好的表現行為過程
- 立即關注，展現給予犯錯行為者一個有尊嚴下臺階的機會
- 以身教來領導
- 將團隊需要置於個人之前
- 隨時進修增進教學與訓練的相關知識及能力
- 願意面對自己不足及不正確的作法來加以改進
- 鼓勵多方運動的參與
- 讓比賽簡單有趣化
- 願意與家長合作來增進對個別運動員的福利
- 發展正向運動教練的風格
- 成為典範而非批評者；糾正不當行為並多鼓勵運動員展現自信心
- 參加賽季前的團隊相關會議

（三）家長的角色

- 儘量參與所有的比賽
- 盡力為子女及他人營造正向的比賽經驗
- 將團隊目標放在心上
- 設法減輕競爭壓力，而非增加團隊壓力
- 將對手視為朋友
- 接受裁判的判決及教練的決策；保持冷靜能克制自己
- 接受比賽結果；切勿產生更多藉口
- 展現尊重輸贏結果的風範

- 對已盡全力參賽的選手所犯的錯誤，展現寬容並維護其尊嚴
- 作為一個激勵者，鼓勵運動員對勝負的看待皆能具有更寬廣的正向視野
- 作為一個好的傾聽者
- 接受自己孩子的目標、角色及成就

所有的大人皆必須盡力扮演協助運動員所需要的角色，以下幾個重要事項是父母需要注意的：

- 先問清楚自己的孩子為何會想參與運動、他們的目標及想要扮演的角色為何，然後去接納他們為自己所陳述的理由。
- 一旦家長確認自己的孩子們是在身心都很健全的情況後，就應該放手讓他們去參與體驗運動訓練及比賽，包括與教練及團隊的互動過程。
- 在賽會期間，父母應該多從正面角度來鼓勵並將焦點放在全隊表現上。
- 賽後期間，父母應該避免干擾並給予子女一些時間與空間去調適。
- 父母應該作為信心的打造者。避免讓孩子們因為比賽的結果好壞與個人的自信及自我認同產生負面連結，進而受到打擊。

身為家長所要有的正確認知，是先了解孩子為何想要參與運動的動機與理由。也要了解到運動可為他們帶來促進身心發展並獲得樂趣的機會，可學習到如何與他人合作及相處的能力，也可增進生存的抗壓性，並學習如何設定目標且透過正面的工作習慣來達成這些目標；學習面對成功與失敗的態度，以及培養除了家庭以外如何結交朋友，並發展成為一生的友誼。

▌參考文獻

Brown, B. (2002). A Standard Higher than victory. The Role of Parents in Athletics. NAIA Champions of Character.

第八章
直到運動傷害貼進我：
中途退出籃球運動員的運動雙生涯

胡天玫

胡天玫

國立臺北教育大學體育學系教授。

專長：運動哲學、遊戲哲學、運動倫理學、教練哲學、籃球。曾獲選全國自由盃籃球錦標賽青女組明星球員。指導國立臺北教育大學女籃隊榮獲全國籃球聯賽女二級亞軍。

一、前言：「塞翁失馬，焉知非福」

　　我是一位因運動傷害而中途退出的女性籃球運動員。為什麼想要寫我自己的故事？我既不是眾所皆知的籃球明星林書豪，我只是曾在籃球場上全「身」付出的受傷運動員，為什麼我要重返那段「斷翅」[1]與失落的時光，沒有人會喜歡自揭傷疤。我之所以會願意說出那段打球不讀書的選手時光，主要是因為臺灣近來「球學」有關學生運動員學術兼備的議題，引發了我想說出我的「學術無法兼備」故事，作為學生運動員的另類發聲，讓學科不好的學生運動員也有生存的權利。換言之，運動資優生與數學資優生應受到同等的對待，各種天分都是同等的重要。

　　那麼我的故事又有什麼特別之處，需要採取第一人稱的自我敘說方式？採取第一人稱赤裸地現身在文本裡，其實是需要十足的勇氣與堅強的研究方法論。因為自我敘說的文本，常常會受到來自四面八方的質疑，我的故事會不會成為自說自話的喃喃自語，自我敘說屬於詮釋典範，相對於實證典範的客觀真實，它植基於詮釋循環的建構真實。所以，我所描述的故事，並不只是我獨自一人的聲音，一方面，它召喚著各種不同運動項目的受傷運動員，尤其是對本身運動專長擁有高度認同的運動員；另一方面，它重述著運動生涯要求運動員的高度承諾。

　　根據葉安華、李佩怡和陳秉華（2017）回顧臺灣 1994 年到 2014 年，自我敘說類 1,000 筆左右的文獻，葉氏等人認為運動專業生命歷程的特殊性，使得體育運動科系是這類研究類型的主要來源之一。自我敘說成為運動經驗與運動情感的重要方法論，其實早在二十世紀 80 年代就受到重視，一些芬蘭的年輕學者，特別是在韋斯屈萊（Jyväskylä）（Sparkes & Silvennoinen, 1999），開始採取內省性敘說方法，來說出自我運動經驗（Eichberg, 1994），運動中那些知道卻無法說出的經驗，那些運動員本身的經驗，開始透過自我敘說，在說出的同時，個體才得以覺知到運動內隱知識。

1　我對自我的認同意象是一匹有翅膀的馬兒，動物更能表徵出我本身的風格，用「斷翅」一詞來指稱那段我因右膝的急性運動傷害，不僅造成 6 個月生理上的無法正常行走，更深層地傳達出對籃球選手高度認同的我，自我認同的深層危機。

我的故事主軸圍繞著學業與運動，即運動員所特有的雙生涯（dual career），採取研究者即敘說者的立場，說出「我為何運動就無法讀書，以及我讀書就無法運動」的故事。本文的另一個目的在於為所有因受傷而退出的運動員發聲，受傷運動員雖然不再繼續從事原本賽場的競技，但他（她）仍繼續在人生的生涯裡競技！

二、塞翁失馬

　　故事發生在北投關渡自然公園旁的一間美食餐廳裡，2012年我的國小同學莊萍在臉書找到我，我再找到國小導師劉明綉老師，舉辦這場33年來的首次國小同學會。當天大夥攜家帶眷出席這場睽違已久的饗宴，腳剛踏進餐廳門，莊萍便向我投訴導師將她誤認成我，她口中直呼「老師只記得妳」，劉老師遠遠望到我，便招手示意我前往坐在她旁邊，等我一靠近，老師的第一句話便是：「天玫，我印象最深刻就是妳國小數學總是考100分！」我一方面趕緊向老師介紹我的先生，另一方面導師的話就像一把密室鑰匙，將我帶回小學高年級時空長廊，開啟那段早已被我遺忘或刻意封鎖的記憶。

　　這段記憶中的我是學校的風雲人物，我不僅在學業表現優異，也是女子排球校隊的大炮手，[2]臺北市數所排球傳統國中與台電女子籃球隊都向我提出優厚條件，希望網羅我加入，小學畢業典禮的隔天早上，我便背著行囊獨自到台電女籃宿舍兼球館報到。我們球員都戲稱是台電女籃「監獄」，因為所有的飲食起居都受到嚴密監控，所有電話與信件都先經過球隊守門人的篩選，通過者才會到達我們球員的手中。

　　我為什麼會忘記數學曾是我最喜歡與擅長的學科之一？是因為時間久遠而被我遺忘嗎？絕對不是，因為我仍清楚記得每次考試100分，我親愛的爸爸都會給我新臺幣100元獎金。那麼或者是我選擇繼續運動這條路嗎？也不全然是走運動這條路，它只描繪出運動員雙生涯面貌的一條線，

2　我小學高年級時的身高便達到168公分，扣球總是愛攻3公尺線內，大炮手當然非我莫屬了。

而雙生涯是由許多不同的線所形構成的面。提到繼續運動的這個選擇，其實它在不同時段有著不同的選擇強度，每個人一生都會進行各式各樣、深淺不一的選擇，有些選擇只會對當下（次）有所影響，例如：選擇吃什麼口味冰淇淋，但也有造成巨大或長久改變的一些選擇，例如：馬拉松賽事是否開放女性參賽。運動員所面臨的雙生涯選擇，既可能落到前者範疇，產生微乎其微的影響；也可能落在後一個範疇，造成巨大或重大的改變。

我在小學階段即體驗到運動場上的成就感，從中看到自己的運動天分，讓我超喜歡從事運動，自然而然就會想升學後繼續參與運動。如果當時選擇繼續參與國中排球校隊，我想應該可以像國小一樣，同時兼顧到學業與運動雙方面的發展，因為校隊層級的學校運動代表隊仍隸屬於學校，學校的教育環境著重的是學生五育的均衡發展，所有師長都會督促每位學生的全人發展。籃球明星林書豪的故事，呈現出各個教育階段的學生運動員，仍可以同時兼顧學業與運動。不同於林書豪的故事，學生運動員雙生涯均衡發展的理想，在我選擇台電女籃這條路時，便註定成為一場空想！

學術兼具的理想，只持續到國中開學的第一週，頂多到第一次分班考試。我因為轉學程序未完成，開學第一週仍回到戶籍所在地的福和國中上學，當了一週通勤與「正常」上下課的國中學生運動員，隨後轉學到台電和平會館附近的和平國中（臺北市立和平高級中學的前身）。我選擇台電女籃這條路，被台電女籃大隊[3]和我打同一位置的蘇姐，形容成「小白兔誤入叢林」，這是我在 2017 年隊友聚會時，蘇姐當著我的面告訴我，那個年代台電女籃球員包括原住民、本省人與外省人，分擔家庭經濟是許多原住民與本省人球員打球的考量之一，我這位外省妹妹把運動視為志業的天真想法和作法，讓熟悉球隊殘酷與現實面的大姐們，不禁覺得有點好笑與憂心。現在回想起來，當時的我只是喜歡運動和覺得自己有這方面的天分，原本打算繼續打排球，因父親只允許讀書和籃球兩個選項，天真的我心想反正排球與籃球都是打球，便依了父親的選項。完全不知我所選擇的是半職業籃球生涯，打球就是球員的職業，球員在未正式成為公司的僱員與簽

3　台電女籃分成大隊和小隊，大隊指已完成高中學業的隊員，小隊指高中以下（含）高中未畢業的隊員。

約之前，球隊可以隨時開除妳，叫妳打包回府吃自己！或許是我性格好強吧！也可能是我不想成為別人的笑柄，骨子裡更不願父母因女兒被台電開除，而無法在親朋好友面前抬頭挺胸！所以，我選擇奮力一搏。這個選擇是一個籃球生涯的重大承諾，因此，當我聽到國中分班測驗結果，是將我分到前段班時，我立刻衝到體育組向體育組長說：「我才不要一個人在前段班，我要和我的隊友在同一班。」因為我早已放下書本立志打球！更準確地說，我想「活」下來，不要被淘汰！

台電女籃全部國中與高中仍在就學的隊員，都就讀和平國中或金甌商職（臺北市私立金甌女中前身），住宿與練球都集中在台電和平會館，球隊與學校建教合作，上學日練習兩次，非上學日練球三至四次，學生球員均不參加早自習與下午最後一節課（即第7節）。其實台電女籃小隊與一般學校籃球校隊的差異，並不在球隊練球時間的長短，而是在於球員待遇與壓力的不同。因為只要是競技比賽，沒有人會喜歡當輸家，雖然一般學校運動代表隊也有成績壓力，但台電企業提供球員上等的待遇，台電自然也會要求球隊成績與球員表現，台電女籃球員所承受的壓力之大，可以讓一位喜愛籃球的球員，只要短短一個月時間，就足以讓她聽到球聲就害怕。

台電球隊贏球時，台電火工處處長當天就會宴請全隊享用大餐，有功教練與球員可獲得實質獎勵；一旦球隊輸球，球隊專車就有如幽靈車一般，無聲無息地開回和平會館，誰也不知那位教練或球員可能被開除，人人自危的氛圍瀰漫在整棟會館。台電女籃隊是一個依球技水準分層排序的階層性社會，每位球員的價值，完全建立在球員球技的表現上，球技好的球員連走路都有風，要想在企業隊存活下來，球員除了專心提升球技之外，還是專心打球、練球，甚至半夜球場都會有人偷偷練球！這樣的女籃「專」職文化，具體呈現在台電女籃早期球員不得讀大學的規定中，類似的文化也出現在日本與韓國的企業女子籃球隊裡。

我當然也不例外，只要我繼續存活在台電女籃隊的一天，我就會專心打球。幸運地，我成功在球隊活下來，雖然這個過程相當殘酷，看其他隊友進進出出球隊，有點踩著別人的屍體往上爬的感覺。轉眼間我不再是球

隊可有可無的球員，我成爲先發中的先發主將，高中一年級時，我的球技與球運雙雙來到頂峰。一方面，台電女籃小隊在全國自由盃錦標賽獲勝，我當選優秀球員，取得大學運動績優生甄試資格，更入選及參與亞青女籃選訓隊，我的球技受到實質的肯定。另一方面，我也是當時 8-10 位高一隊員中，唯一受到台電女籃前總教練蔡守禮重點培訓的球員，除了學校考試之外，我完全不用到校上學，全程參與所有大隊和小隊的練球，並參與大隊賽前的熱身跑籃。每次練球的前後，蔡教練給予我一對一的指導，準備提升我跳級打台電女籃大隊，[4]受到幸運之神眷顧的我，當時的球運羨煞許多人！

　　結果當我正沉浸於運動表現高峰所有的一切美好時，直到運動傷害貼進我，我才驚醒！那是一次例行性的台電女籃大隊練習，練球一開始，我感到膝蓋有種酸酸的陌生感，但當時的我並不以爲意，只以爲是有些疲勞，我告訴和我配對全場徒手一對一防守練習的江姐：我膝蓋怪怪的，做慢一點。後來身體熱開了，也就不以爲意了，直到練 1-3-1 全場包夾時，我防守位置是最前面的位置，就在一次全速包夾的轉向動作時，我的膝蓋左右錯位，再也回不到原本的樣子。當時因爲我無法站或行走，所以爸爸第一次到會館來看我，我告訴爸爸：醫生都叫我開刀，不然以後無法正常走路。睿智的父親見狀送給我八個字：「塞翁失馬，焉爲知非福」。短短八個字帶給我的是無限的勇氣與希望。

　　我破例地在台電和平會館休養半年之久，[5]半年之後，我戴著護膝回到球場上，我用參與一個籃球賽事，來表達我對球隊的感謝與回饋，感謝球隊收留我在球隊養傷。那時我誤以爲膝傷會造成我的球技再也無法進步，我絕意斷尾求生，離開球隊、離開籃球！在我承諾不會跳槽到其他女籃隊伍之下，球隊管理宋媽媽同意與我解約，所以，高中二年級下學期，我恢復到自由人的身分！年輕的我向隊友們宣告：不要打電話給我，更不要和

4　當時籃壇並沒有球員年齡或學籍的相關規範，只要球技水準達標或球隊願意報名，球員就可以越級參加賽事。

5　球隊通常會叫受傷比較嚴重的球員回家休養，我很幸運地能留在球隊養傷，這要感謝蔡教練幫我爭取。

我聯絡。雖然我仍與原來隊友在同一所高中、同一間教室，但彼此之間就像斷了線的風箏，各自在不同的軌道行進。

三、塞翁失馬，焉知非福

退出球隊的我，回家的第一件事，不是睡一場大覺，也不是吃一場家庭大餐，而是請爸爸帶我到巷口的書店，買一本《國語辭典》。因為太久沒有看書寫字，真的忘記文字的長相，我從《國語辭典》的體例說明開始讀起，扎扎實實地一步一腳印的開始拿起書本。雖然退隊之前，我已經向爸爸自白：「我根本沒上學，好久沒讀書寫字，有可能會被金甌退學，退學後，我想從國中一年級重新讀起，那裡放下就從那裡拿起。」爸爸聽聞後，只說：不想打球就回家，妳是我女兒，沒問題。

話說退隊後的第一次月考，我所有科目都是60分，一分不多、一分不少，全部都及格，相信這是許多師長給我的鼓勵與肯定，那時我雖然把高中之前的所有課本都買到手，但短短一個月的寒假，就算不睡不玩也無法讀完這些課本，雖然我確實也真的常常在書桌上睡著，我告訴自己「人生最慘的事莫過於運動傷害上身，接下來再糟的事也不過如此罷了！」凡是遇到我不懂之處，便向同學請益，虛心請同學解釋給我聽。同學們也不厭煩與不藏私的幫助我課業方面的學習，很不可思議地，在短短一個學期的光景，我的課業便跟上課程的進度。高二班導師陳慧麗老師指定我成為成本會計課的小老師，高三上學期時，我已經是學校記帳組代表隊的一員，再次地不用參與學校早自習，有種似曾相識的感覺，只是這一次不是在籃球場，這次是在記帳組練習室以記帳選手身分練習！

隨後我在成本會計二級檢定的考試中，取得95分的高分，榮獲全國前十名成本會計獎學金，其中部分獎學金捐給學校記帳組當基金。這如夢似幻的學業表現，只能歸功於同學與師長的大方接納與熱心指導，這段學業突飛猛進的魔幻時空，一直到2016年的首次高中同學會中，聽到許多同學異口同聲地指出我是他們從未見過的認真同學，同學們對我的認真學習，都留下深刻的回憶。

就在我成功轉換到商科跑道，準備往大學商學院夜間部發展時，我與運動之緣仍未結束，體育專業又前來敲我的門。時任金甌商職體育組長楊裕隆老師知道我的籃球保送資格已過期，他邀請我和林淑娟一起報名參賽臺灣區中等學校運動會羽球賽，我們也順利取得保送權。為了準備大學升學考試，我報名了南陽街補習班的密集班，每天上完金甌的課程，直接穿著制服到補習班報到，週末更是補習班各種測驗的重要日子，從未接觸過理化的我，每天給自己的任務便是依樣畫葫蘆，把黑板上老師寫的「東西」，模仿地畫在我的天書筆記本，或許是被我的傻勁所感動，一位補習班女同學向我伸出援手，助我度過這一段「地獄」般的密集班日子。我用「地獄」一詞來形容這段不見天日的補習班時光，每天搭早班公車到金甌上學，放學後趕往補習班，補習班下課再搭末班車回家。有一次我在等公車回家時，居然靠在牆壁站著睡著了，醒來嚇得一身冷汗，公車司機早已下班了，我連忙招手計程車回家！

　　保送甄試的考試與放榜是在 4 月和 5 月，猶記得當年我的志願只填國立臺灣師範大學體育學系，我告訴自己如果成功考上，那代表我與體育的緣分未盡；相反地，如果失敗，就代表商科人生的開始。每天回家的第一件事，就是開信箱等成績單，某日信箱內躲著我的成績單，我小心翼翼地放進書包，輕聲地躲到房內讀信，看到考試結果是「錄取師大」，我仍不敢相信這是真的，心裡直說這會不會是同名同姓，搞錯了？一直到那天早上踏進金甌校門，同學便從走廊探頭向我大喊：「胡天玫，恭喜上師大，今日頭條新聞，國語日報都刊登出來了，恭喜！」直到此刻，我才相信自己考上師大了。放學回家趕快分享給爸爸，只見爸爸面有難色地說：「我都幫妳安排好到政府單位工作了，這下子只好再拜託朋友幫忙處理。」

　　大學一年級與二年級，我參加了籃球校隊、排球校隊、合球校隊和游泳校隊，雖然大學同班女同學都對體育系術科叫苦連天，但我並不覺得術科太重，所以我會去參加比較多的校隊，因為受過台電女籃隊訓練，大學術科的強度只會讓我會心一笑。至於學科方面，我大學成績總平均的T分數，名列 79 級第二名，所以直接分發到臺北市立松山高級工農職業學校實習。母校師大體育系在我實習那年，傳來首屆成績優異畢業生直升研究所

碩士班甄試的訊息，當時因為師大是全公費的師培生，所以大部分師大畢業生的報考意願不是很高，但我想該是時候面對本身內心深處的「痛」，那段籃球生涯與自我認同之間錯綜複雜的情結！其實上大學前的那個暑假，有機會能和比較能了解我的朋友談籃球時，我只是淚如雨下地哽咽到說不出話來，真的是每談就哭，眼淚應該能裝滿一輛垃圾車了。大學時，我每次和非企業籃球背景的同學或師長談籃球時，都會覺得是兩個世界的人，不善言語的我，總是感到無法準確地說出籃球運動經驗的內容與意義。

我的直升碩士甄試研究計畫題目為：兒童參與運動之動機。其實這並不是我真正關心的議題，只是因為這個議題比較容易呈現，所以寫了這個題目的計畫，而且也順利取得直升研究所碩士班的二個名額之一。研究所一年級上學期的碩士生是沒有分組的，我還記得我的統計學成績是全班最高分，但隨著我的研究主題是我的籃球運動經驗，我以存在哲學的進路，探討那段令我又愛又恨的籃球生涯，也才稍微地理解到作為高度自我認同的籃球員，因為急性運動傷害，迫使我中斷本身的籃球運動生涯，才會產生高度的適應困難。因為當運動員對本身運動項目愈高度認同，那麼在生涯的轉換就愈困難，除非退休運動員是從事與本身專項相關的工作類型，而且如果運動員不是自願退休，而是因傷中途退出的話，運動員的社會適應就愈艱難。

四、結論

科技部 2019 年 10 月委託國立臺灣師範大學所舉辦的「體育學術研究工作坊暨臺美運動科學新紀元論壇」，今年邀請到許多傑出院士前來演講。Bradley Cardinal 院士在介紹美國國家人體運動學院的發展中，提到一位曾是 60 公斤美國與世界紀錄的舉重選手 Janice S. Todd 成功轉換成科學院士，我請教他美國國家人體運動學院院士中，有多少比例的院士是學業與運動兼修，他說他並沒有注意到這個議題，但他指出各個院士所參與的運動層級是相當不一樣的。他舉了上海體育學院西洋劍選手與韓國射箭選

手二個例子，這兩位選手仍是選手身分時，都是專心在運動成就的表現方面，後來才到美國攻讀博士；換言之，兩位的學術生涯都是選手身分結束後才開始的！其實學業與運動均衡發展議題，確實是學生運動員一個很重要的面向，但不同的運動項目有著不同的運動環境，同一運動項目也會因組織性的不同，而有著截然不同的樣貌。我以自己的雙生涯經歷，敘說出學業與運動分別發展的故事，希望還原「學術兼修」這個議題的多元性，因為生命是複雜的，任何單一面向的政策都應考量到其他面向的可能性。

▌參考文獻

葉安華、李佩怡、陳秉華（2017）。自我敘說研究取向在臺灣的發展趨勢及研究面向：1994-2014 年文獻回顧分析。臺灣諮商心理學報，5（1），65-91。

Cardinal, B. (2019, October). National Academy of Kinesiology: Disciplinary Stewards Who Strive to Improve Health, Quality of Life, and Society through Science and Service. In Hung Tsung-Ming (Moderator), *Sport and Exercise Research Workshop and New Era with Dialoguing with Fellows in USA National Academy of Kinesiology*. Gym, National Taiwan Normal University, Taipei, Taiwan.

Eichberg, H. (1994). The Narrative, The Situational, The Biographical. Scandinavian Sociology of Body Culture Traying a Third Way. *International Review for the Sociology of Sport, 29* (1), 99-113. https://doi.org/10.1177/101269029402900109

Introduction. (1994). *International Review for the Sociology of Sport, 29* (1), 1-4. https://doi.org/10.1177/101269029402900101

Sparkes, A. C. & Silvennoinen, M. (Eds.) (1999). *Talking bodies: Men's narratives of the body and sport*. Jyväskylä, Finland: University of Jyväskylä.

第九章
青年運動教練倫理學：
議題、行為準則與解決方式

許立宏、吳聲佶

許立宏

臺灣體大教授，中華奧會教育委員會委員，著有9本奧林匹克與運動倫理教育等專書，現任成人游泳國手。曾獲得多次臺灣成人泳賽冠軍。

專長：奧林匹克教育、運動倫理學、教練哲學、游泳、水球、重量訓練。曾參加過十屆大專盃泳賽及全運會水球賽，並獲得冠亞軍。指導過98學年大專盃泳賽乙組選手，並榮獲冠軍（榮獲第45屆中華嘉新體育特別獎）。

吳聲佶

國立臺灣師範大學運動休閒與餐旅管理研究所博士生。

研究興趣：運動社會學、休閒社會學、運動倫理學。第9屆全國業餘泰拳錦標賽壯年組75+公斤級冠軍。

一、前言

　　一般來說，要擔任一位邁向奧運最高殿堂的運動教練，必須精於運動教育學、運動心理學、運動生理學、運動生物力學、運動營養學和技能等專門學問領域，並能規劃完善運動訓練計畫，不斷探求新的理論、技能，運用統整的策略，適合選手的個別需求，以充分發揮選手的潛能，創造最佳成績，才是一位成功的教練（林暸祿，1999）。但在奧林匹克素養教育中，我們認為還有一項專業的學問不可或缺，那就是教練所需的運動倫理學，其包含著對人、對事及對環境的一些處理原理原則。

　　「倫理學」及「道德」這兩組詞，通常混在我們的日常生活用語中。在現代的哲學探究脈絡中，「倫理學」一詞是指有系統的道德研究；也就是指正確行為的普世規準或原則。我們可以區分規則、指引、習俗或生活原則（稱為道德），以及超越時空考量並呈現有系統的反省（稱為倫理學）。我們必須了解「倫理學」這門學問本身是極具多元研究面向，運動倫理則一般泛指運動員的行為能符合道德行為標準和遵守運動規則的規範。不過，針對青年運動教練來說，這可能會是一個複雜的學問，因為倫理學通常包括描述人類行為的好與壞、對與錯、應該與不應該，也經常涉及道德判斷的哲學課題。

　　通常道德價值判斷來自三個來源：一為父母、二為宗教信仰、三為作為榜樣的人（如學長或運動教練）。所以，當孩童或甚至一般大人們在迷惑時，常常會求助於上述三種資源。但是在當前人與人之間複雜的社會環境中，倫理就成為重要的課題，而運動場域更需要有倫理的準則。因此，擔任青年運動員的運動教練對個人價值信仰、倫理學課題的廣泛了解與道德判斷能力，就變得更加重要。

　　由於現今社會因為職業運動的盛行，使得大部分青年運動員可能在訓練的過程中，也會對自己所喜愛的運動產生許多憧憬。如一位青年棒球選手，從小可能因受到在國外日職或大聯盟打球的學長或明星球員光環等影響，立志想要早點進入職業球隊而會過分的強求自身運動表現，迫使運動員本身有可能在沒有教練正確的指導下，慢慢的不擇手段達成最後目的

（例如：服用禁藥來加強球速）。因此，運動教練在整個體育的環境中扮演相當重要的角色。

本章目標在於釐清當今從事運動指導的青年教練當中，所較常發生的各種倫理議題**（如不當管教、體罰、霸凌、性騷擾、禁藥、不當減重）**，以及這些行為所產生的後續效應，以及如何採取更好的方法來解決或加以防範。同時，在本文中，我們也要強調在教練倫理課題當中，**若只是仰賴遵守相關規定或行為規範準則（rule based）是不足的**。

二、青年運動教練與選手互動可能產生的倫理課題

首先，我們先了解一下對青少年或學生運動員來說，最常發生的問題有哪些？大部分可能都是過度或不當的管教與施虐情況發生。國外文獻通常稱為「孩童虐待」（child abuse），但這樣的情況是否包括身體上或心理上？或兩者皆有？身為教練必須先檢視自身的教學與指導信仰及理念為何？然後再去探索大部分在運動場域指導訓練過程中所可能發生的狀況。

三、四種不同型態的不當指導或管教行為

常見的運動教練訓練過程中，有以下幾種不當管教行為。同樣的，這樣的情況是否也會出現在我國運動教練的訓練環境中？請國內教練可加以思考有哪些類似的情境，也出現在自身所指導的運動場域中。

（一）消極冷漠（neglect）

未能積極處理兒童所需要的基本需求；不去關心孩子們有無吃飯或穿著上的冷暖；經常忽略孩子們的狀況並放任他們自由行動；缺乏給予愛與關心的情感。

（二）身體虐待（physical abuse）

身體上的傷害或兼打罵（如毆打、撞牆、扭捏、燙傷、咬人等）；讓孩子們喝酒、給予不當藥物或毒品、或刻意將孩子壓在水中造成嗆傷或溺水。

（三）性虐待 （sexually abused）

不當與孩子們發生性行為、自慰、口交或各種性危險動作；給予孩子們觀看色情書籍、圖片或影片等。

（四）情緒上的虐待（emotionally abused）

長期對所施教的孩童缺乏愛與關心，也算是一種情緒上的虐待。過度保護並禁止孩子們與其他孩子交流互動也算是。經常對孩童大呼小叫或威嚇，而讓孩子們變得更加緊張、退縮或產生負面情緒，影響自信心或能力等，皆算是情緒上的虐待行為。

四、不當管教受虐行為產生的效應

最嚴重的情況會導致孩童的死亡；受虐者可能產生行為困難、憤怒、具攻擊性行為；學校上課失去專注力；低自信、傷心、退縮與產生憂鬱症；自我傷害或自殘等自殺傾向；或複製暴力行為並向其他孩童施暴。

（一）必須機警且謹慎處理

* 當有孩子向你告知有事情發生時
* 當有其他人告知你，他／她本身所困擾的事物時
* 有察覺且觀察到孩童的異樣行為發生時
* 觀察到其他人的練習活動開始讓你覺得擔心時

（二）對待孩童的反應處理方式

* 建立一個安全環境
* 要誠實以對且不要輕易答應孩子們自己做不到的事
* 確認清楚孩子們所說的事物或事項，以便將來有必要可轉介給專業人員來加以保護
* 做好記錄，將個人意見與事實區分清楚

- 要維護相關的隱私與保密性
- 不要冒然一肩扛下所有責任

（三）與他人分享自身關心的事物

- 想想孩童的未來——思考如果自身不採取行動會發生什麼狀況
- 避免進一步受到傷害的情事
- 許多經歷過孩童時期受虐的成人提到，將自身的問題提早告知，可協助制止施虐的人是很重要的第一步來幫助自身走出治療過程。
- 與信任的父母分享問題：有些情況是有必要讓孩子們先與父母或輔導者，討論個人擔心的狀況。
- 訴諸專業人士協助：當覺得不適合將問題告知父母或關心者時（如較敏感的性騷擾問題），最好求助更專業的第三者。以下的步驟可供參考：

  1. 通知資深的同事或教練
  2. 通知社工專業人員或警察
  3. 尋求社會資源來協助：可思考人、事、時、地、物與相關方法
  4. 尋求醫療協助
  5. 做好所有相關紀錄

五、重大倫理事件的決策考量

除了上述處理機制外，若遇到重大難以決定事項，也可參考以下國外倫理學專家所建議的考量程序。[1]

1　參考資料來源：McDonald, M. (2019). A Framework for Ethical Decision-Making: Vision 6.0 Ethics Shareware (Jan.'01), by Michael McDonald with additions by Paddy Rodney and Rosalie Starzomski. https://ethics.ubc.ca/files/2014/11/A-Framework-for-Ethical-Decision-Making.pdf

（一）蒐集資訊並釐清問題

    1. 要具有機警性、具有對道德情境的敏感度。

    2. 能辨別出你所知道與所不知道的事。

    3. 在能力與時間範圍內，能儘量蒐集資訊並簡要陳述與個案所有相關的事實及情境。

    4. 考量到做決定的整體環境。

（二）找出可行性的各種替代方案

考慮到各種決定的後果及所有相關的利害關係人所能接受或受影響的程度，忠實面對自己與他人。

（三）運用倫理資源來辨識每一個可行方案的道德重要因素

1. 多重原則的考量

    自律性原則；不傷害原則；仁愛原則；正義原則；忠實信賴原則。

2. 道德模範

    有時我們會具有道德洞察能力，去模仿具有偉大道德情操的人之行為。

3. 運用道德上的相關資源

    如組織規範、合法案例及宗教或文化傳統的智慧。

4. 情境或環境

    如運用過去的歷史相關人物或組織，來了解整個個案所處的環境。

5. 個人判斷

    自己的判斷或借助好朋友及專家的協助皆很重要。當然，有一些重要且難處理的案件必須要保密。適當時必須與利害關係人加以討論，以便做出較好的決定；也要考慮到是否有相關的倫理委員會組織或機構可協助。

（四）提出並檢驗可能的解決方案

1. 找出最佳結果的方式。

2. 執行一個敏感的分析。

3. 考慮到對他人倫理上的影響。

4. 思考好人是否會做這個行為？

5. 思考是否所有人皆會做此行為？

6. 這樣是否可維持與他人之間的信賴關係？

7. 這樣做是否眞的是對的？

（五）選擇最適合的決定方案

1. 勇於承擔並執行下去。

2. 從中學習：接受所應負擔的相關責任；從成功或失敗當中來學習。

六、其他常見重要倫理議題

（一）體罰（corporal punishment）

　　所謂體罰有兩種，身體上的體罰定義是不當使用各種器具或肢體造成學生肉體上的傷害或痛苦，例如：用木條將學生打到瘀血等；另一種是心理上的體罰，就是在公開場合以嚴重傷害學生自尊心的方式責罰學生，但管教學生的不當行為並不是體罰，所以在學生能夠負擔的情況下，依校規輕度罰站、罰跑操場、留校訓勉等屬於合理的管教。不過，就體育教學專業的角度來看，罰跑操場這項處罰值得商榷，因為這無形中可能會貶抑體育課的眞正價值，這會讓學生以為跑操場就是一種處罰而產生排斥上體育課的心態。將體育課變相成為處罰的內容或手段，是違背教育的本意與宗旨。教育的方法或技巧有很多，若教育者非得動用到體罰——這個容易涉及身體與心靈受到不愉快傷害的下下之策，會令人質疑此一教師的專業能力及其專業養成教育過程是否出現瑕疵。在筆者運動倫理學研究的專題課

程中，有位研究生就親身描述他小時候受過體罰的經歷如下：[2]

　　　　因本人為游泳選手，從小就與游泳脫離不了關係。在國中時期因訓練表現不佳而被叫上岸，在當時的自己覺得被打就被打，其實也沒有什麼差別，下水繼續練習一樣表現不佳。但現在想想，為什麼要被打呢？本人認為表現不佳有外在的原因，但也有內在的原因。外在原因或許是前一天晚上睡眠不足，又或許是因為訓練量太大使得身體吃不消；而內在原因或許是因為長期的訓練，成績又停滯不前，心裡產生想退訓的念頭。外在原因固然重要，但內在原因更為重要。本人認為教練應當適時地注意訓練量，以及關心選手內心的真實想法，並不是一味地打與罵就能使選手的成績與想法改變。

　　所以，回憶過往，他從選手的角度建議，認為在運動訓練中，不管是教練或是選手都必須是互相尊重的。教練必須了解每一位選手的個性、成績及想法，而並不是一直要求選手的成績，達不到成績就用打與罵來解決。適時的關心選手想法與成績才是上策，也避免了不必要的體罰行為出現。他從過來人的角度認為，身為一個好的（游泳）教練，須具備以下幾點基本素養：

1. 了解每一位學員的程度與能力，並進行不同的課程，糾正姿勢。
2. 能駕馭上課中的氣氛，須與學員做互動，避免學員課堂中感到厭倦、疲乏、無聊。
3. 多與學員或學員家長溝通，在訓練裡不只需要教練與學員的溝通，教練也必須與學員家長溝通，並說明學員的近況。
4. 一一了解每一位學員的問題，並找出解決之道。

　　當然，在完成以上幾點後，不能說一定是最好的教練，也一定成為學員眼裡最棒的教練。

2　本文感謝修習本人在臺灣體育運動大學開課的研究生所提供的個人切身經驗。

我們建議所有的專業運動教練（包含體育教師）在實施一些必要性處罰之前應先取得受處罰者之認知[3]，並深入熟悉教育的基本相關法令，隨時補充有關管教方面的國內外最新資訊及知識[4]，以隨時了解自身相關之權利與義務，這樣才得以因應社會變遷的各種情況。

（二）霸凌（bullying）

霸凌通常指的是一種長時間持續的，並對個人在心理造成恐懼、身體和言語遭受惡意的攻擊，且因為受害者與霸凌者之間的權力或體型等因素不對等，而不敢有效的反抗。校園霸凌的霸凌者可以是個人，也可以是群體，透過對受害人身心的攻擊，造成受害人感到痛苦、羞恥、尷尬、恐懼及憂鬱，而校園霸凌所帶來的傷害往往是不可逆轉的。因為力量上的懸殊關係，所以這些被霸凌的同學通常都是無力保護自己。據此，有論者謂：霸凌現象的核心是力量的濫用與支配的欲望（李茂生，2015）。

而**校園霸凌的型式**，可包括肢體霸凌、語言霸凌、關係霸凌、性霸凌、反擊型霸凌、網路霸凌。不論是哪一種霸凌，只要當孩子因為同儕欺負而產生不愉快、不舒服的情緒，或是身體上的傷害，都算是遭受校園暴力，亦即是校園霸凌的情形發生。以下簡單介紹校園霸凌的型式（張信務，2007）：

- 肢體的霸凌：包括踢、打弱勢同儕、搶奪財物等。
- 語言的霸凌：包括取綽號、用言語刺傷、嘲笑弱勢同儕、恐嚇威脅等。
- 關係的霸凌：包括排擠弱勢同儕、散播不實謠言中傷某人等。
- 性霸凌：以身體、性別、性取向、性徵作取笑或評論的行為；或是以性的方式施以身體上的侵犯。

3　當然，最好是先取得學生或運動員的欣然接受或同意（consent），如加入代表隊（或選課）之前就已先約法三章告知參加代表隊所可能會面臨之相關權利、義務，並取得共識；如有必要，甚至可用類似簽訂契約的方式讓兩造同意。

4　舉例來說，在英國就有許多針對教師及兒童教練所訂定的倫理規範（code of ethics），而國際奧會也有一些規定值得參考並探究。相關網址可上網找出。

- 反擊型霸凌：這是受霸凌學生長期遭受欺壓之後的反擊行為，包括生理上會自然的回擊或去欺負比自己更弱勢的人。

- 網路霸凌：係指利用網路散播色情圖片、散布謠言中傷他人、留言恐嚇他人等，使人產生心理受傷或恐懼的行為，這是近年來新興的霸凌型態，而且程度相當嚴重。

　　近年來校園霸凌已慢慢受到關注，除了校園霸凌外，校園中的體育班也出現過霸凌事件。學生利用學長學弟制度逼迫學弟做事，受害學生因而害怕不敢上學，告知校方也未得正面回應。因此，校園霸凌難免也會出現在體育班中。尤其在臺灣，大部分培養運動選手的場地皆為學校。而我們的學校體育文化具有濃厚的學長學弟制。體育學校或各級學校體育班裡面可能有不同專長隊伍，每個隊伍都有各自的隊規，除了教練帶領學生外，通常都會有大管小、小聽大，學長姊管教學弟妹的制度。但有些學長姊卻可能利用此制度做出越界的事情，造成霸凌事件的發生，教練可能都是在事情嚴重時才發現，而同儕間可能有發現卻沒有人說出來，又或者不覺得事情的嚴重性。

　　例如：國內某體育中學就曾驚傳學長霸凌學弟。一名國中部二年級學弟，受到高中部三年級的一位學長霸凌，長期被強迫為該名學長洗衣、按摩。2000 年 3 月 5 日晚間這名學長還抓住學弟的頭去撞牆，造成該名學弟受傷，整起撞牆霸凌事件才被媒體披露。雖然該校學務主任經事後調查，表示當晚實乃一群學生在宿舍嬉戲，只是玩得太過火了，實為一起偶發事件[5]。但受害學生家長認為此次孩子撞牆事件，並非偶發事件，而是該校「學長制」陋習的冰山一角，要求校方澈底檢討，並給予最快速的轉學。霸凌者在痛哭認錯之餘，道出自己亦曾是「學長制」的受害者。

　　類似的事件也出現在其他學校中，特別是具有團隊且合宿的運動代表隊。面對此類事件，教練角色又應該如何扮演，才能避免事件的發生？關鍵還是在於教練需要長期性教導、規勸且多觀察學生之間的互動。如果平

5　黃明堂（2000）。臺東體中爆學長霸凌學弟事件。2019/12/21取自網站：https：//news.ltn.com.tw/news/life/paper/202200

常教練有教導、關切團隊動向，也不至於會有霸凌事件發生；也要讓學長姊懂得照顧學弟妹，學弟妹懂得尊重學長姊。因爲學生運動員會模仿及學習教練的作爲，所以教練要做好以身作則的好示範，並用一些案例告訴學生霸凌事件的嚴重性，讓學生知道什麼是錯誤的行爲。如果發現不對勁要馬上處理，以免事情愈來愈嚴重。

（三）性騷擾

青年運動教練經常可能會因爲訓練指導上需要，而會有與運動員肢體上的接觸，在這些接觸的瞬間，也許會構成性騷擾的問題，尤其是一些比較敏感的身體部位。身爲一位教練到底該怎麼拿捏這個距離，才能夠達到教學上的需要，又不會造成性騷擾呢？

首先，身爲教練最好先了解相關法律與定義。就廣義的觀點而言，衛生福利部（2019）將性騷擾認定本質上是屬於性別歧視中的一種行爲：

用明示或暗示方法，表現出不受歡迎且具有性意味或性別歧視的言語或行爲，而損害到他人的人格尊嚴，或不當影響他人的學習、工作機會或造成使人心生畏怖，感受敵意或冒犯的情境，但未達性侵害程度，就可稱爲性騷擾。因爲性騷擾定義在「違反當事人意願」（unwanted）或是「不受歡迎」（unwelcome）的情況下，也因而具有相當的主觀認定。換句話說，是不是構成性騷擾，須視個人的主觀感受和判斷而定。

而我政府透過法律也已訂定了性平三法處理性平議題，包含《性別工作平等法》、《性騷擾防治法》、《性別平等教育法》，規範如何防範及處理性侵害、性騷擾和性霸凌外，更希望藉由立法，形塑性別平等意識，進而打造性別友善及性別平權的社會，消除偏見歧視，實現社會正義（性別平等教育委員會，2019）。性騷擾指符合下列情形之一，且未達性侵害之程度者：

定義一：依據《性別平等教育法》第2條校園作爲教育場所符合下列情形之一，且未達性侵害之程度者：

1. 以明示或暗示之方式，從事不受歡迎且具有性意味或性別歧視之言詞或行爲，致影響他人之人格尊嚴、學習、工作之機會或表現者。

2. 以性或性別有關之行爲，作爲自己或他人獲得、喪失或減損其學習或工作有關權益之條件者。

定義二：依據《性騷擾防治法》第2條校園作爲公共場所，本法所稱性騷擾，係指性侵害犯罪以外，對他人實施違反其意願而與性或性別有關之行爲，且有下列情形之一者：

1. 以該他人順服或拒絕該行爲，作爲其獲得、喪失或減損與工作、教育、訓練、服務、計畫、活動有關權益之條件。

2. 以展示或播送文字、圖畫、聲音、影像或其他物品之方式，或以歧視、侮辱之言行，或以他法，而有損害他人人格尊嚴，或造成使人心生畏怖、感受敵意或冒犯之情境，或不當影響其工作、教育、訓練、服務、計畫、活動或正常生活之進行。

而在校園中，性騷擾範圍相當廣泛，包含帶有性意味、性暗示或性別歧視的相關言語、言論及文字，到不受歡迎的肢體觸碰；或是以性或性別有關之行爲，作爲自己或是他人獲得、喪失或減損對其學習或工作有關權益之條件者，都是性騷擾。進一步具體來說，臺灣性別平等教育委員會（2019）也將性騷擾的類型分爲以下四種：

1. 言語的騷擾（verbal harassment）：在言語中帶有貶抑任一種性別的意味，包括性別偏見、歧視行爲或是態度，甚至帶有侮辱、敵視或詆毀任一性別的言論。

2. 肢體上騷擾（physical harassment）：對任一性別做出肢體上的動作，使對方覺得不受尊重或是不舒服等行爲。

3. 視覺的騷擾（visual harassment）：以展示色情圖片、影片、海報或是宣傳單，造成當事人不舒服。

4. 不受歡迎的性要求（unwanted sexual requests）：要求對方同意性服務作為利益交換的條件手段。（性別平等教育委員會，2019）

　　青年運動教練或體育老師在訓練或教學指導上，難免會和學生有肢體碰觸，不管有心或無意，都必須保護自己也保護學生運動員。教練在自身的倫理道德上必須心裡要有一把尺，才能避免不必要的麻煩。身為一位教練，在指導訓練上如果要親自示範，必定要先詢問且徵求到選手的同意，而且最好必須有第三人在場，嚴守不能讓自己跟選手或學生運動員有獨處在一個空間的機會，避免誤會產生或是被誣陷。

　　在面對這些心智發展尚未成熟的學生運動員或選手，教練最好保持安全距離。若自身不想成為加害者，就得時時保持尊重對方的態度，不能跨越自己與他人或性別應有的界線，更不能歸咎對方的穿著、行為而合理化自己對其性騷擾的行為，如此才能真正避免成為性騷擾中的加害者。

（四）運動禁藥（doping）

　　國際體壇在國際奧林匹克委員會領軍之下，為維護運動競賽公平性，以及保障運動員身心健康，於 1999 年成立世界運動禁藥管制組織（World Anti-Doping Agency, WADA），專責辦理全球運動員運動禁藥管制作業，其目的在維護運動員公平競賽的權益，打擊不法行為。因此，凡參加國際性或全國性運動競賽的運動員都必須隨時隨地接受運動禁藥檢測。

　　由於運動禁藥管制作業係以運動員為主要對象，因此身為教練也要了解運動員在配合藥檢機構辦理運動禁藥管制時，具有下列責任：

1. 提供行蹤資料：運動員有責任定期提供行蹤資料，如拒絕提供或未據實填報者，視同蓄意規避藥檢，並依情節輕重，處以三個月至二年不等的處分。

2. 接受運動禁藥採樣檢測：不管比賽期間內或非比賽期間，凡是運動員隨時均有可能被列為運動禁藥檢測的對象，因此，隨時隨地都應作好接受運動禁藥採樣檢測的準備。

3. 運動員應對本身用藥及飲食行爲負責：就醫時，應告知看診醫師自己是運動員的身分，並出示世界運動禁藥管制組織公告的最新禁用清單給醫師參考，避免開出含禁用物質成分的藥物。

此外，運動員也會因治療傷痛或病症需要看醫生，即所謂的治療用途豁免（therapeutic use exemption）。運動員申請治療用途豁免的條件爲：(1)無其他替代藥物可用；(2)運動員生命受到威脅，需使用禁用物質挽救生命；(3)所使用的藥物不會提高比賽成績者；(4)如因急性疾病或緊急情況，使用禁用清單所列物質時，可以提出申請治療用途豁免。而有關最新的禁用清單物質可隨時上網查閱世界運動禁藥管制組織（WADA）的網站：http://www.antidoping.org.tw/。

根據 WADA 官網 2020 年 1 月 1 日最新的新聞稿[6]：世界運動禁藥管制組織（World Anti-Doping Agency, WADA）宣布 2020 年禁用物質與方法清單（List of Prohibited Substances and Methods, List）於 1 月 1 日正式生效。2019 年 9 月 30 日公布的禁用清單爲六項具強制效力的國際標準（International Standard）之一，內容載明賽內外禁用的物質和方法，並列舉特定運動項目的禁用物質。WADA 每年更新一次清單內容，1 月召開初步會議，並於 10 月 1 日前公布核定版禁用清單。任一物質或方法經判定符合下列三項標準的任兩項者，即可考慮列入禁用清單：(1)有可能加強或確定會加強運動員表現；(2)有可能損害或確定會損害運動員健康；(3)違反運動精神。若運動員具正當醫療理由須使用清單上所列之禁用物質或方法，在符合國際治療用途豁免標準（International Standard for Therapeutic Use Exemptions, ISTUE）條件下，將獲准使用。治療用途豁免（Therapeutic Use Exemptions, TUE）程序，現已廣受全球運動員、醫師及反禁藥利害關係人所接受。

運動員須申請治療用途時，如果是參加國際比賽，則應向所屬國際運動總會提出申請；如果是國際綜合性運動賽會，例如：奧運會、亞運會等，應向國際奧會或亞洲奧會醫學委員會提出申請。若屬參加國內比賽，

6　資料來源：教育部體育署國際運動資訊摘譯&夯運動 in Taiwan，2020-01-01期。

則應向國家藥檢組織提出申請。世界運動禁藥管制組織對於各藥檢組織核發的治療用途豁免得有權查核，如有疑義，得撤銷是項治療用途豁免。

國內運動禁藥專家許美智（2000）就曾指出，運動員在賽會期間有可能對教練、家人或朋友提供的藥物毫無警戒心的使用。先前國內就發生兩屆奧運金牌選手由於在 2017 年臺北世大運時睡眠出現問題，在親友建議下服用「具改善情緒與壓力效果的膳食補充劑」，即使只使用一次，卻造成運動禁藥檢驗呈陽性反應，因此須繳回當年世界錦標賽抓舉銀牌。運動員違反運動禁藥管制規定時，依世界運動禁藥組織相關規定，一向採運動員「完全責任制」，因此，運動員應隨時汲取並了解運動禁藥管制作業相關資訊，同時配合打擊違規用藥行為，才能維護競賽公平性，也更能證明自己可以靠實力創造優異成績，展現真正的運動員精神。

許多人都知道使用運動禁藥是不道德的，也會影響身體健康，即便如此，還是有許多人為了榮譽、或獎金誘惑等因素而去服用運動禁藥，無論是知情的情況下使用運動禁藥或是在不知情的情況下使用禁藥，目前國際奧會都採零容忍態度。因此，為了預防運動選手使用運動禁藥，青年運動教練也應教育選手比賽公平競爭及運動倫理的正確觀念，還有運動禁藥的相關知識，以免誤食而導致遺憾。[7]

（五）不當減重

減重與急速減重（rapid weight loss, RWL）常見於需要以體重區分量級的比賽。選手的體重通常在賽前幾天仍是超出賽制的上限，但透過各種不同方式在過磅前減重，以符合比賽之要求；通過過磅後，選手會再補充飲食，來恢復體重及體力（謝藍琪、張振崗，2002）。以跆拳道選手為例，一般習慣於較高量級的體重進行練習，並於賽前減重，以達到在較低量級更佳的運動表現。（吳奇霖，2007：37）

在以體重區分量級的運動脈絡下談減重，和健身運動的減重、減脂，或一般民間俗稱的減肥，在目的及內涵上都有相當大的不同。急速減重則是指在賽前數天（通常會是二到三天）內減少體重多達 2-10%，甚至更多

7　體壇史上十大禁藥事件，請參考以下網址：https://kknews.cc/zh-tw/sports/gblre8.html。

的重量（Artioli et al., 2016）。美國運動醫學會ACSM（1991）對於急速減重的定義則更嚴格，認為一週減重超過1.5公斤即為急速減重（黃靜美、林正常，2005）。雖然國內外已有許多研究指出急速減重對選手身體健康及運動表現之危害，但為了在過磅後大量進食的體重有助在該量級中取得相對優勢，有相當大比例的選手即使知道急速減重的害處，仍然持續從事之，包括拔河、技擊運動（如柔道、拳擊、角力等）當中，減重與急速減重都是常態現象。何立安（2013）指出，雖然對健康可能會有長期影響，但急速減重影響到的表現可以在短期內恢復，因此許多選手為了比賽當下的優勢，仍甘冒健康的風險。

國內兩則實際案例

「新竹市某國小上週參加在臺北市舉辦的全國拔河錦標賽，獲得國小男生A組亞軍，參加的選手每個人都減去2.5公斤才能參賽。……擔任拔河隊教練的林宗凱說，此次參加全國拔河錦標賽男生A組競賽，……這群小男生正值發育期，幾乎幾週後又長高。要參賽前，他要求每個選手都要減重2.5公斤，否則無法參賽，而選手在透過教練適當及專業的脫水急訓後，才能上場比賽。」（自由時報，2018年4月3日）

「……秤重是拔河隊在比賽時最重要的時刻，如果秤重過關，選手就必須在最短時間內，拚命吃東西來增重，有的選手一天之內要增重5公斤，最多要吃上八餐，即使吃到吐出來，還是得把吐出來的分量再吃回去，選手的辛苦難以想像。……不過這些痛苦，都將隨著勝利到來的那一刻，煙消雲散，這就是拔河隊選手的真正驕傲。」（中天新聞，2016年2月18日）

另一則案例：

國內知名的拔河勁旅——××女子高級中學拔河隊，2010年參加在羅馬的世界盃拔河錦標賽。當年的世錦賽首度將參賽年齡開放至16歲，隊員們主動向教練請纓，並在教練的指導下成功增重達到國家補助的量級，終於取得了世界冠軍。世錦賽後，為了

投入全國拔河錦標賽和取得亞洲盃代表權，全隊 8 人再從世錦賽前的 531 公斤，一週內降到 500 公斤。

此外，國際上職業賽事的選手減重後過度虛弱，幾乎從磅秤上跌下來的影片時有所聞（如 UFC 賽事的 Mizuto Hiroda，最後因主辦方評估其健康狀況不佳而取消比賽）。即便不論禁藥的部分（如利尿劑），前述運動項目的選手們在減重過程當中時常透過：穿著塑料材質的長袖外套和長褲跑步、待在烤箱、斷食等「正規」的方式達到目的，伴隨而來的代價也常常相當驚人。

在美國的運動當中，也常出現這類危險的減重行為，特別是角力及拳擊這類技擊的項目，減重方式也同樣包括利尿劑、三溫暖、水分攝取極小化，以及穿著塑料衣褲在高溫環境下快速減重。其中，在學生業餘層級，角力選手急速減重的比例甚至遠高過拳擊選手。1997 年，密西根大學角力選手 Jeff Reese 即在兩天內減去 17 磅的重量後猝死，他生命中的最後兩小時是穿著塑料衣，在高達華氏 92 度（攝氏 33.3 度）的室內踩腳踏車。（Eitzin, 2006）

也因為許多運動員的慘痛經驗，Artioli 等人（2016）認為急速減重完全符合世界反運動禁藥組織（World Anti-Doping Agency, WADA）所應禁止使用方法（prohibited method）的三項要件：1.提升運動表現；2.損害運動員健康；3.違反運動家精神，因而呼籲 WADA 禁止之。

法諺常云：法律是最低限度的道德。競技的規則之於運動世界，就好比法律之於人類社會，乃是對選手道德的最低限度要求。許光廌與李炳昭（2004：14）指出，運動規範擁有多樣化的內容，有參加資格規定及競技規則以使運動得以秩序化，更有著墨於運動精神和公平競爭的共同基本規範。例如：絕大部分的技擊運動除了不得擊打後腦及下襠等要害部位外，都共同擁有的一個規範，便是依體重區分量級。換言之，達到比賽各量級要求的體重，乃是技擊選手、拔河隊參賽最基本的要件，也是維持比賽公平性的最低要求之一。競技運動、競賽內蘊著取勝與追求卓越的價值，而卓越的標準依不同運動項目而有別，例如：秒數、高度、命中率等。在

以體重區分量級的運動當中，賽前的減重（以及伴隨而來的增重）似已形成了這些運動員獲取內外在善的實踐。那麼，當選手在不使用禁藥的情況下，在過磅前達到規定的體重，相較於 Artioli 等人認為的「等同禁藥」，抑或是 MacIntyre 所謂的「邪惡實踐」，似乎更接近專屬於該項目中的良好實踐。

在這個脈絡下，減重變成了當為、不得不為的追求運動內外在善的實踐行動。在這行動過程中，教練是身為運動員重要的輔助角色之一，又應當具有什麼責任呢？

1. 思考賽前減重倫理的責任

賽前的減重或急速減重在該運動當中的意義、目標為何？這些過程如此痛苦，是否值得鼓勵運動員去追求？雖然各個倫理觀點均能為某些情況、某些對象、某些時機提供一定的解決方案，但它難以概括總體，而宜以個體為出發點來考量（周偉航，2011）。**身為教練必須在心中有所定見**，思考實踐的意義並落實在對個別運動員的訓練與指導之中。

2. 對運動員身體健康的責任

包括正確的減重知識與策略安排。數字可提供一定的標準，有時卻難以精準描繪這個世界的樣貌。例如：WADA 所指的一週減重超過 1.5 公斤即為急速減重，但每個運動員都是不同的個體，身為教練應當確切掌握自己指導的運動員（們）的狀況，擬定妥適的減重期程與策略。任何的行動和發展都必須奠基在健康的身體上，一個優秀運動員也應該要是健康的，才會有更多發展和享有福祉的可能性。

3. 對運動員倫理教育的責任

教練除了對運動員有技術、體能訓練的責任外，也應當負起運動倫理教育的責任。在此必須回歸到運動的「純潔性」（integrity），要判斷一個人行動是否具有純潔性，須視其行動是否依循所欲目標的價值、信念與原則（許立宏，2011）。運動員是否能夠了解教練的指導所代表的價值與信念，自然攸關其純潔性。教練不但應該維護運動的純潔價值，更應將這些價值傳達給運動員。

七、結語：發展屬於自身運動教練的行為規範準則

　　隨著國內體育運動推展愈來愈普及，且運動選手的水準也逐漸提高。為了讓更多青年選手有發亮、發光的機會，培養優質的運動教練更是迫切需要。或許各級學校體育班與各單項運動協會，皆應發展出一套更好的教練倫理行為準則規範。若已有訂定的單位，也須隨時檢視修正，與時俱進。在發展這些行為規範時，前述有些重要的因素皆須考量，如下所述：

- 將選手的福祉擺在第一位
- 將每位運動員皆視為單一個體
- 提供安全的練習與比賽環境
- 運動傷害的防護措施與器材的準備到位
- 運作可讓選手們覺得有趣與具挑戰性的活動課表
- 以身作則展現公平競爭與運動家精神
- 熟悉運動規則
- 採用適合的運動訓練技巧
- 隨時提醒自己身為青年教練所協助的對象是青少年，而非成年人或職業選手

　　當然，身為青年運動教練首要須遵守各單項運動協會相關規定與規則，同時若是在學校體育班服務，也要遵守各校的相關規定或教學行為準則。若有兼總教練或擔任國家隊總教練職務，則相對責任更大且有義務指導助理教練及運動防護員等夥伴分攤事務。若有違反相關規定者，也應坦然接受處置。

　　總之，教練的工作繁多，從選手的健康、生活、人事關係之管理，乃至練習方法、比賽時隊員的支配運用等工作，教練皆須有相當的經驗和能力。由於運動教練是從事具有目標的「人影響人」或「人指導人」的工作者，其本身的學養及指導方法都會立即影響選手未來的成就，甚至整個人生。因此，應刻意提高自身的運動倫理標準。若單單**只是要求教練被動地**

遵守相關規定或行為規範準則（rule based）是不足的。因為，這樣可能會產生三種情況：⑴低估整個情境或背景的完整理解；⑵無法用一套規則套用到每個個案的真實情境；⑶會主動遵守這樣的倫理規範準則，通常是具有基本良善德行品質的教練（virtue agent）。而這樣的德行培養必須先經過要求教練遵守規則及具守法的概念。不過更重要的是，我們也必須同時注入更多、更精緻的運動教練養成教育方法。這些都不是憑空而來，必須經過經年累月的經驗累積及練習才能塑造適切良好的品德習慣。最後，對於想要投入運動教練這一志業的青年夥伴來說，筆者引用當代英國運動教練專家Purdy（2018: 27）所提的幾個問題，分享給國內讀者思考：

- How 'should' we win in sports？（我們「應該」如何在運動中贏得勝利？）

- How 'should' we play sports the 'right' way？（我們「應該」如何用「正確／對」的方式來參與運動？）

- How 'should' we engage in the game？（我們「應該」如何介入比賽？）

▍參考文獻

李茂生（2015）。日本校園霸凌的現況與對策法。法令月刊，66（2），24-40。

林曉祿（1999）。教練角色與運動倫理。師大體育，74-81。

台灣性別平等教育協會（2019）。取自https://gender.ntunhs.edu.tw/files/40-1021-508.php(2019/12/21)

陳星貝（2010）。我國校園零體罰政策之沿革與研討。取自http://www.npf.org.tw/2/7195(2019/12/21)

何立安（2013）。柔道選手急速減重問題與運動表現。文化體育學刊，16，23-30。

吳奇霖（2007）。急速減重對跆拳道選手專項體能與腎功能之影響（未出版碩士論文）。國立體育大學教練研究所，桃園縣。

許美智（2000）。運動與禁藥。臺北市：合記圖書出版社。

許立宏、周偉航、胡天玫、石明宗、林秀珍（2011）。**運動倫理——品德與生命教育**。臺北市：華都文化。

許光麃、李炳昭（2006）。近代體育運動規範及制度之分析。**臺中教育大學體育學系系刊，1**，13-18。

黃靜美、林正常（2005）。青少年跆拳道選手減重相關現象之調查。**運動生理暨體能學報，3**，87-96。

謝藍琪、張振崗（2002）。角力運動員快速脫水減重所造成的生理影響。**大專體育學刊，4**（1），169-174。

教育部防制校園霸凌專區（2015）。認識校園霸凌。取自https://csrc.edu.tw/bully/bullying.asp (2019/12/21)

教育部體育署（2020）。國際運動資訊摘譯&夯運動 in Taiwan，2020-01-01期。

張信務（2007）。營造友善校園——「從去霸凌開始」。北縣教育，61，31-35。

薛慧玲、謝志君（2001）。論運動教練哲學之重要性。**大專體育，54期**，66-70。

梁培勇（2005）。為什麼不要體罰。取自 http://www.psychology.org.tw/be11.htm. (2019/12/21)

體罰論述研究室（2006）。取自http://tfar.info (2019/12/21)

衛生福利部（2019）。只要尊重不要放縱——杜絕性騷擾。取自http://www2.mohwpaper.tw/inside.php?type=history&cid=381(2019/12/21)

Artioli, G. G., Saunders, B., Iglesias, R. T., & Franchini, E. (2016). It is time to ban rapid weight loss from combat sports. *Sports Medicine, 46* (11), 1579-1584.

D. Stanley Eitzin (2006). *Fair and foul*. Maryland: Rowman & Littlefield Publishers.

McDonald, M. (2019). A Framework for Ethical Decision-Making: Version 6.0 Ethics Shareware (Jan.' 0l). https://ethics.ubc.ca/files/2014/11/A-Framework-for-Ethical-Decision-Making.pdf(2019/12/21)

Purdy, L. (2018). *Sports Coaching: The basics*. London: Routledge.

第十章
金牌典範教練實例分享：
許績勝

許立宏、賴品樺

許立宏

臺灣體大教授，中華奧會教育委員會委員，著有 9 本奧林匹克與運動倫理教育等專書，現任成人游泳國手。曾獲得多次臺灣成人泳賽冠軍。

專長：奧林匹克教育、運動倫理學、教練哲學、游泳、水球、重量訓練。曾參加過十屆大專盃泳賽及全運會水球賽，並獲得冠亞軍。指導過 98 學年大專盃泳賽乙組選手，並榮獲冠軍（榮獲第 45 屆中華嘉新體育特別獎）。

賴品樺

國立臺灣體育運動大學（碩士班）。

一、前言

臺灣馬拉松傳奇人物，創造了臺灣馬拉松紀錄保持——他是許績勝。1995 年許績勝參加日本別府大分馬拉松，以 31 歲的年紀跑出 2 小時 14 分 35 秒的臺灣馬拉松紀錄，至今還無人突破這個紀錄。

1996 年參加亞特蘭大奧運會馬拉松

許老師自體專畢業後（即現今的臺灣體育運動大學），在國內已經是頂尖選手。在沒有競爭對手之下，他沒有被鎂光燈沖昏頭，自我安逸地繼續在國內拿獎牌，反而充滿鬥志、不安於現狀，積極想自我突破，為了讓自己的成績往上提升，而尋求國外更有競爭性的環境磨練。

許老師在奧運會只參加過亞特蘭大那一屆，亞運會有廣島和曼谷兩屆，世界錦標賽參賽最多：羅馬、斯圖加特、雅典等四、五屆。日本馬拉松他還跑過東京、琵琶湖等大賽，只有福岡例外；臺灣則包括臺北馬拉松，最好名次是第二。

許老師最驕傲的比賽是 1995 年 10 月，在高雄慶豐馬拉松以 2 小時 20 分 07 秒奪冠，那一年許績勝老師把大型國際比賽的冠軍獎盃留在國內。因為天時、地利、人和的因素，造就許老師可以在那個場地奪冠，他心中充滿了感動。

二、如何介入運動

許績勝老師 1964 年出生於金門金城鎮，是個農家子弟，由於從小個性好動，喜歡邁開腿跑步。

許老師說：「接觸跑步運動是從小學開始，因為金門有戰地駐軍，每一天早上都要跑 5,000 公尺的體能訓練，他們是邊跑

邊打鼓唱歌，就是在那個環境下受到他們的洗禮。在有一次的路跑過程當中，我覺得他們要邊跑步、邊唱歌應該是很累的，我只要跑步而已應該可以追過他們，沒想到我輸了，當時我還是個小學生，那時候就覺得我不應該輸，我要贏，所以就走上跑步這條路。」

因為一個機緣與興趣之下，許老師接觸到跑步。從小許老師就有一個不服輸的個性，有一個想贏的企圖心，不害怕辛苦、不斷提升自己，因此才能夠在田徑界發揚光大。

三、生平背景與事蹟

許績勝老師的父母是務農，家裡並不好過，時時刻刻都要幫家裡的忙。國中、高中也沒接受過正式的訓練，除非縣運以學校為代表，比賽前一個月就象徵似的被叫去練一下。因為家裡務農的關係，也沒有多少時間可以練習。高中畢業後，為了籌措學費，他先在剛蓋好的金門縣立體育場找了一份工作賺學費，因為許老師喜歡跑步，第二年終於來到臺中就讀體專。

　　許老師說：「我們家是務農，上學之前必須要做很多家事，當時沒有自來水、瓦斯、電燈，所以必須上學前就要把牛牽到山上放好，然後把水打滿，把柴拿到廚房去放著，然後再去學校上課。下課回來就把書包放了、衣服換了、鞋子脫了，打赤腳上山幫忙，所以即使很想跑步，正常時間是沒有辦法的。在幫父母日出而作，日落而息之餘，工作完了就摸黑回家，利用晚上的時間跑步，儘管當時金門鄉間沒有路燈。」

許績勝老師在金門的路跑活動都拿冠軍，想說在金門已經是最好的，父母生給我這塊才，那就人盡其才，因此想來臺灣闖闖看。所以，許績勝老師為了提升自己的田徑成績，想來到臺灣體育運動大學就讀。許老師認

爲，人往高處爬，一定要選擇一所很好的學校——能幫助自己創造優異成績的學府與訓練環境，這才是一個競技運動員所必須要選擇的目標。當時許老師的父母是非常反對的，他的父母認爲家中要有一個男丁幫忙，家裡也沒錢可以提供許老師讀大學，也不希望許老師去到這麼遠的地方讀書，始終認爲運動不能當飯吃，但是許老師熱愛跑步，雖然自己知道不聽從父母的話是不孝順的，但是他並不想放棄他最愛的田徑，爲了爭一口氣，證明自己的能力。

四、如何成爲田徑教練

　　許續勝老師說：「我從小是務農的，只會拿鋤頭而已，農事那些都難不倒我，但是對於跑步這方面我只是一張白紙。那個時候有很多學校老師、教練或是縣政府裡面的長官，覺得我可以在這一方面會有不錯的成就，有許多人幫我的忙，提供我營養品及行政上的支持與幫助。讓我一路走來，從什麼都不懂、什麼都不會開始，一直慢慢的接觸這些比較專業的東西。

　　到了臺灣就讀臺灣體育運動大學，也受過許多老師幫忙，還有我的教練，在訓練上也幫了我很大的忙，也因爲這個樣子，我從一張白紙慢慢有一些東西累積起來，一直到我遇上一個赴日本留學的機會。

　　我從金門跳離那個井底，到臺灣探索臺灣跑步的世界，再到日本看國際，這一路走來遇到很多貴人。我自己給了自己一個期許是，當我學會了，學而有成的時候，一定回國來貢獻，最主要就是一個回饋。我們金門有一句話，人生以服務爲目的，所以今天我有一點能力，當然就回饋給這個社會與國家，盡我個人微薄的力量，希望能夠在長跑界幫上一點忙，所以就回來臺灣任教。如果要把我的東西給這些新秀們，勢必要來學校任教。因爲臺灣沒有實業團，如果要把他學到的知識與經驗傳承下去，只能在大學裡田徑場上。運動員大多都出自校園。

回國之後就到林口國立體育學院讀研究所，當我讀完教練研究所之後，很慶幸地在大葉大學擔任教職。對我而言，我希望把自己所知道的一切，都教給年輕的選手。我的專長在競技，因此從大葉大學轉到臺灣體育大學推展長跑運動，這個過程之所以能如願，特別是得到臺灣體大校長林華韋的賞識，當時林華韋是臺灣體大的系主任。」

五、貴人與啟蒙教練

　　許績勝老師從一個田徑的門外漢變成頂尖的跑者，他原本是什麼都不會、什麼都不懂，卻能經歷這一切。許老師說：「這要感謝楊媽輝老師（啟蒙教練）、翁北魏老師（高職指導老師）、楊肅元（前國大代表善心人士）、**張人俊**（當時的金門縣長，大力推行長跑運動，並在高職畢業後無經濟赴臺就讀省體專時幫忙安排工作，使可在早上練完後上班及在下午提早下班訓練）、許漢昌老師（人生楷模）、許經鴻老師（縣府行政協助）、**雷寅雄**老師（赴臺後指導教練）、吳賢文老師（省體專專長教練）、陳定雄老師（開啟我開口說話的師長）、**西牧義江**老師（我的日文老師，讓我在赴日時從五十音都無法默寫的情況下，迅速地學會日語與溝通能力）、吉岡學長（就讀日本名古屋商科大學時期的室友學長，從宿舍生活照顧到每天最少二個小時的日語會話練習與訊息傳遞等）、**金田剛**教練（進日本企業實業團佐川急便時期的教練，指導並訓練與生活管理，讓我能保有 10,000 公尺、半程馬拉松、全程馬拉松三項全國紀錄 20 年以上，截至今日尚保有 10,000 公尺、全程馬拉松二項全國紀錄）、大家正喜選手（進日本企業實業團佐川急便時期的隊長及練習隊友，一同參加 1996 年亞特蘭大奧運馬拉松項目）讓我有機會可以練習、念書。」許老師在金門發跡，在臺灣打基礎，到日本吸取新知。

　　許老師表示，紀政小姐是當時田徑會的總幹事，幫了他很大的忙，包括許老師可以去日本留學也是她牽的線，是紀政把許老師交給日本人野崎哲郎老師。野崎哲郎老師在許老師日本留學期間視如己出，是許老師的身

分保證人，照顧許老師的生活起居、日語會話、訓練指導、賽事安排，讓許老師的 10,000 公尺、半程馬拉松、全程馬拉松等項目屢破全國紀錄，他是許老師很重要的貴人，許老師也把他當成自己的父親一樣尊敬他。

許老師在父母身上看到一個「本」字，對他而言，不忘本的作法就是要努力「回饋」。因此，他希望盡一己之「長」，為金門、為國家培育專業的長跑競技選手。許老師也特別感謝他的哥哥，當時人生地不熟，都是哥哥帶著許老師去參加路跑比賽，照顧著他。

許老師說：「雖然我出生很卑微，但是一路走來，當我什麼都不懂、什麼都不會的時候，他們都願意幫助我、引導我，所以才有現在的我。」

一開始到體專時許老師不是最強的，許老師等於是一塊未開發的璞玉。來到臺灣體大他做了兩件事：第一是自我訓練、第二就是課業。許老師除了學校宿舍、田徑場以外很少外出。當時許老師晨操前會先去偷練，回來了再換一套衣服跟著繼續晨操，還有專長訓練及夜訓，許老師的認真程度與高自主性令人欽佩。

對於許績勝老師而言，臺灣的恩師教練——翁北魏與楊媽輝，讓他在成績上能猛烈進步、躍身國際，但讓他留下 20 年不敗的全國田徑馬拉松紀錄的則是日本教練——野崎哲郎。現今已成為國內外知名長跑教練的許績勝老師，其人生觀中還是處處充滿感恩，用自身寶貴的知識與經驗，為臺灣各跑者服務著。

日本名古屋商科大學第一次來臺提供了七個留學生獎學金名額，其中希望有一位是專精跑步的運動員。名古屋商大開出了極為優厚的條件：學雜費與訓練費用全免、提供服裝費、每月四萬日圓零用金、每年一趟返臺來回機票、免費食宿等。許績勝老師認為，日本的長跑水準是頂尖的，而且同為亞洲人，文化、生活環境與地理位置比較接近，最重要的是有經濟援助，決定選擇日本名古屋商大。

許績勝老師進入名古屋商大，選擇了產業經營學系就讀，與一般大學生一樣上課。每天學校課程在下午三點以前結束，之後就開始展開體能訓練。剛到日本時，許績勝老師連五十音都不會，但是他下定決心要苦讀日文，以最快速度融入日本社會。

許續勝老師在日本名古屋商大時，住在陸上競技部宿舍，每天早上五點半開始練習，每次訓練量大約 10-16 公里。學業課程下午三點半結束後，就開始練跑到天黑。每週的週二到週六都在練跑，只有週一休息，週日就出去比賽，等於全年無休。而週一休息期間，許續勝老師又以更大的訓練量，來強化自我。

　　名古屋商大在東海地區並非長跑傳統名校，過去實力並不堅強，但是由於強將許續勝老師的加入，起了競爭的作用。日本本地選手被不服輸的心態激發，成績紛紛提升，因為許續勝老師的激勵，帶領了名古屋商大登上巔峰全盛時期。許續勝老師大三拿到第 22 回全日本大學驛傳一區區間賞的那一年，總成績第 12 名，是名古屋商大有史以來名次成績最好的一年。許續勝老師大四時，甚至把中京大學連續 36 年的蟬聯東海地區校際驛傳賽霸主的地位給中斷。1988 年第 20 回全日本大學驛傳，許續勝老師剛剛入學為大一新生，但由於成績突出，學校安排他跑一區，因為一起跑差距不會太大，希望爭取到電視實況轉播鏡頭的高曝光度，有利學校的宣傳。許續勝老師回憶說，因為第一次參加驛傳，天氣很冷，又是使用傳接帶的陌生接力方式，因此非常緊張，跑完之後，教練緊握我的雙手說，你雙手凍的像冰棒一樣。最後，總成績只拿到第 19 名。

　　1989 年，許續勝老師大二時，依然帶領名古屋商大挺進全日本大學驛傳，同樣在一區，許續勝老師已經是第二次參加，心情比較篤定，雖然跑在領先集團，但是到了最後 3 公里，卻被別人甩開，被甩開後飲恨只拿到該區的第二位，最終全隊拿到第 15 名。

　　到了 1990 年，許續勝老師已經是大三，他滿懷信心，同樣被安排在一區，由於去年的經驗，他很火大，一起跑就一直在領先集團中。這次許續勝老師主動攻擊，在最後 3 公里突破重圍，先衝開了集團，最後拿到一區的區間賞（14.6 公里，43 分 46 秒）。名古屋商大最後總成績是第 12 名，這成績至今依然是創校有史以來最好的成績。許續勝老師大四時，由於去年的區間賞優異表現被監督指定為陸上競技部的主將（隊長），責任重大。大四的許續勝老師雖然沒有再度拿到一區的區間賞，但是全隊成績依然保持在第 12 名。

（一）實業團

1992 年進入佐川急便實業團之後，許績勝老師每天與一般職員一樣，必須定時上下班，一個星期內要上四天班（週一、二、四、五），練「兩餐」。早上六點訓練完之後去上班；中午休息之後，一點到兩點再工作1小時後就下班，下午三點後又開始訓練。週三與週六是全日練習，練「三餐」，週日則外出比賽或休息。

實業團除了每月給固定的職員薪資之外，還有各種津貼，這些津貼多寡都是依照成績表現分等級論功行賞。出外比賽如果成績優異，另有獎金。許績勝老師在 1995 年創下臺灣全國紀錄的別府大分馬拉松，他當天出賽，佐川急便就發給 10 萬日圓出場費，他創下 PB 與全國紀錄，總名次不是很好，只拿到第 6 名，但還是發給 80 萬日圓的獎金。在實業團完全是依照成績給獎金，有這樣的環境，選手當然都是全力以赴。

許績勝老師進入實業團的磨練之後，成績開始大爆發。1993 年是許績勝老師生涯最巔峰的一年，許老師的 5,000 公尺 PB14 分 24 秒、10,000 公尺 PB29 分 12 秒、半馬 PB1 小時 04 分 05 秒，都是在 1993 年那一年所創下，也就是他進入實業團 1 年多之後，體能有了另一層的突破。因此，許績勝老師原本設定 2 年後就回校念書的計畫，隨著他的成績不斷的進步，有了改變，他決定繼續跑下去。接下來，許績勝老師的雄心壯志，瞄準馬拉松跑進 2 小時 10 分。

（二）亞特蘭大奧運

1995 年兩位佐川急便的王牌許績勝老師和大家正喜，分別締造了個人 PB。許績勝老師在 2 月的別府大分馬拉松創下 2 時 14 分 35 秒的我國全國紀錄，大家正喜在 3 月的福岡馬拉松以 2 時 09 分 33 秒拿到第 3 名，兩人都達到了進軍 1996 年美國亞特蘭大奧運的 A 標，都確定入選國家代表隊，同時進軍奧運。

許績勝老師認為亞特蘭大在 8 月時氣候炎熱，與臺灣接近，且路線高低起伏蠻大的，只要跑進 2 小時 12 分，應該會有奪牌希望。但是許績勝老師有更大野心就是要跑進個位數，2 小時 10 分這個天險。當時剛創下 2 小

時 14 分的許績勝老師，體能狀況極佳，因此自信滿滿，與跑出 2 小時 09 分的大家正喜相互激勵。

　　許績勝老師當時認為，他這輩子的巔峰就是現在，機會只有一次，錯過就沒有了。為了在奧運一舉突破 2 小時 10 分，許績勝老師進行了最嚴格的強化訓練。

　　1996 年亞特蘭大奧運馬拉松項目，許績勝老師跑出 2 時 23 分 04 秒（第 57 名），雖然這是臺灣選手在奧運馬拉松的歷年最快成績（至今），但是這個臺灣最有可能突破 2 小時 10 分的歷史時刻，就此暫時劃下句點。

　　為何與預計的成績有如此落差，許老師說：「在賽前的一次重要調整練習前說好要幫忙供水，但是練習時間到了，也等了很久看不到人影，未能得到協助而意氣用事影響到身心訓練，以致於未能在比賽時發揮最佳的體能水準而無法如願，憾事一件。」

六、轉折點

　　兩年之後，1998 年，許老師放棄了當時佐川急便提供他月薪 45 萬日圓，且可以轉任社員一直到退休的職涯保障。許績勝老師說：「**他要在日本過日子會非常好過，我的專項馬拉松在日本是非常受尊崇的運動，但是我在日本的時候不是因為要去找那一份工作，而是第一想把我的成績再往前推進，第二是希望能藉由那個機會吸收日本實業團成人出社會的這些選手的訓練模式與方法。當我不能再創紀錄的情況之下，就回來任教，還是那一句話，為國家盡一點貢獻。**」

　　老師也說明了為何不回自己家鄉任教而選擇待在臺灣任教，原因是，因為金門的區域比較小，如果想要發展的話，高中畢業勢必要到臺灣來，與其在金門一個小地方服務，倒不如到臺灣需求比較多的環境，能夠為比較多的人來服務，可以造福更多的人。許老師也說：「無論如何，我還是愛我的家鄉金門，就像我當選手的時候，比賽時我的背心上始終有金門兩個字，儘管是自己用手寫的也好，即使金門沒有贊助報名費或車馬費等也

沒關係,很多人幫了我,我今天有一點點能力,那我就去回饋。愛有分大
愛和小愛,如果有能力了,當然是往大愛這方面去做。」

七、培訓選手

　　他執教的運動員包括臺灣第一高手何盡平。102 年全運會馬拉松項
目,何盡平超越當時挑戰三連霸的黑色閃電蔣介文,摘下 102 年全運會的
男子桂冠。這面馬拉松金牌,是金門縣有史以來第二面省運、區運、全運
馬拉松金牌,第一面是他的恩師許續勝老師在 1995 年臺灣區運會所拿下。
許老師還有一個女弟子游雅君,以 1 小時 20 分 28 秒在金門馬拉松半程實現
三連霸,全程馬拉松實力 2 小時 48 分左右。

　　里約奧運會許續勝老師擔任中華臺北隊教練,率領何盡平等一男二女
選手參加馬拉松比賽。

2016 年里約奧運會代表教練

八、教練的理念

　　許老師說：「現在的選手跟以前的選手不一樣，以前的選手較自動自發，現在少數混水摸魚的選手還是有，但絕大部分還是很積極努力地在自己專業領域上面，選你所愛、愛你所選，既然選上這條路就埋頭苦幹的去做。現在有些學生，他們認為國中、高中練太多了，到了大學後，外在約束力放鬆了，然後就不怎麼想練習，其實是很可惜的。第一，選手的積極態度差了；第二，就是針對自己未來的目標沒有確切的努力去執行、去做好。很多人都道聽塗說，學體育的沒有未來，練體育不能當飯吃，這是錯誤的想法；也有許多體育人是非常有成就的，例如戴姿穎、臺灣體育運動大學林華韋校長，很多人都被體育不能當飯吃的觀念所誤導。運動有很大的未來性，除了跟一般念書有同樣的工作，還有自己的專業技能，這是單單念書所無法替代的能力。就這些方面來講，可以在自己的領域成為一支獨秀，但仍有許多人被錯誤觀念所誤導，覺得學體育沒用，因此到了大學就放掉，其實大學才剛要結果，因國中、高中只是培育，大學才是開花結果，這個果實一定要讓它成熟而不能提早夭折，很多人都因為一點點挫折就認為自己沒希望而放棄。」

　　許績勝老師創下全國紀錄時已經31歲了，他一樣堅持著自己的初衷，不斷練習突破自我。而國內許多運動員到了大學就只想待在舒適圈，因而放棄了原本屬於自己的技能。到大學才是讓果實成熟的時候，如果在這邊就結束了，真的很可惜。

　　許老師認為現在學生的態度要加強，在什麼時候該做什麼事，把當下該做的事做好，這是最重要的，才能夠延續下一步，否則基礎不好的話，未來能夠做什麼。以運動選手來講，在運動所受到的歷練絕對能夠在出社會的時候派上用場。

　　以長跑來講，老天爺是公平的。練習表現好、市場就大，第一，可以藉由跑路跑賺取生活費，第二，可以藉由在長跑學習的東西，未來可以去開班授課，機會非常多。多給這些學生學習的機會，指導且協助他們，未來出社會後，或許可以當主要的工作或副業。

九、許績勝老師的認知

（一）當教練最重要的是什麼

許老師認為當教練最重要的就是一個風範，還有因材施教。那些選手缺什麼，就必須要給什麼；他有哪方面的優點，就將他的優點繼續維持，甚至繼續提升；將缺點修正，就會有更好的成績表現。還有一個很重要的就是引導他，創造未來的可能性。

（二）喜愛的訓練方式

許老師喜歡多元化的訓練方式，不是單一。跑步表面看像是腳在跑、手在擺，其實是全身性的運動，所以全身的肌力都必須要夠強、肌耐力要好，才能應付這麼長的距離。許老師會個別指導學生告知哪裡不足、須加強什麼？但通常大部分學生都不願意去練自己的弱項，因為練起來會很累，所以不怎麼想去做。但是選手必須去改變，不改變永遠就是這個樣子。

（三）如何經營一個團隊

許老師說：「我自己本身是選手出身的，在日本也當過教練的助教，並從中學習，最重要的是教練本身要做好的模範，說到做到，遵守信用。一個團隊有形形色色的人，須了解哪些人有什麼特性、特質，然後會有什麼習慣。告訴選手做這個的目的在哪裡，讓選手知道我們有共同目標，一起來努力。選手練習的成果與成效，受惠者是選手自己本身，對教練而言就只有沾光而已。讓他們可以接受我的方式與目標，跟著這個方向前進。」

（四）對學生的期許

突破許績勝老師本身的紀錄——許老師認為學生是有機會突破他的紀錄的，只是態度不夠積極。除了有才能，還需要有訓練的態度及毅力不拔的精神持續往前走，才有辦法，否則只靠才能而沒有好好訓練的話，根本不可能達到目標。許老師說：「學生得到好成績，當然很替他們高興，有了成績出來，就會有很多附加價值進來。比如鞋子贊助或者是訓練經費的

贊助，他們沒有後顧之憂後才能更加努力，才會有好的成績，我也以他們為傲。」

（五）衝突處理

許老師說：「學生有意見的時候，我會針對他們的意見來做討論。曾經有一位學生，因為他的上坡能力很差，他是跳障礙的，必須要有很好的肌力，我安排了一些增加肌力的訓練，他就不高興了，當場表示他的不悅，於是我告訴他，你高中的訓練比我現在開給你的課表的量還要多，為什麼你沒辦法承受現在的訓練量。」

許老師認為學生會有這個反應是因為高中傾向外在約束力，即教練規範的很嚴格；大學是傾向於讓自己提升本身的自我約束能力。就現在的大學生來講，教練講歸講，學生自己做自己的，成績差了，當然課表就跟不上，儘管課表只是高中時期的一半也會受不了。因為一直鬆懈，到後來就什麼都沒有了。所以針對這個問題，我會跟他一起說明、討論。我教什麼的時候，會說明訓練目的是什麼，儘管是很辛苦，但對於運動競技專項而言，你必須用這些能力，所以必須這樣做。

（六）永不放棄

許續勝老師從不認為從事這項競技運動項目而覺得辛苦，可能因為金門成長的關係，上山工作比這個累多了。白天上山工作太陽非常的大，皮膚都曬傷破皮了，睡覺都不能躺著睡，只能趴著睡，有什麼事情可以比這個更累。這些都經歷過了，那些訓練算什麼，只是流個汗、喘一點、腳痠了一點而已。許老師也是因為有一個不服輸的個性，別人認為不行的，就試試看，許老師也說：「我叫許續勝，我是我本人，我不是你口中的誰，你認為不行的那不是許續勝，我始終這麼認為，我正向的鼓勵、激勵自己。」

（七）面對挫折

練習的成效直接在比賽中呈現，比賽成績如果不如預期，沒有多的理由就只有一個——訓練不足，因此須回來繼續練習。當時許老師在體專練

了兩份課表，專長練完了，再接著練下一份課表。可能是許老師生長在戰地受到的洗禮，再來就是可能出身於農家，什麼苦都吃過了，許老師常跟他們的學生講，你們現在在長跑運動中所受的苦，這些苦比你們以後踏入社會所受的苦一定還輕、一定可應付，那就是成效。

（八）退休後的計畫

許老師即使退休了，還是會繼續在長跑運動方面推展。許老師認為用自己一點才能為國家盡一點心力，這也是他每年都會舉辦紀錄賽訓練營的用意，他會秉持著初衷，一直往前走。

十、結語

我們很認同老師的一句話，那就是「勤能補拙」。許老師提到，他並不是一塊好材，那時候有 7 位國家代表隊選手，檢測最大測氧量他是第 6 名。所以老師下的功夫非常多，怎麼跑才能省力、才能輕巧、才能贏，用很多人想不到的訓練方式訓練自己。他相信勤能補拙，雖然不是一塊完美的好材，但可以藉由這些後天積極努力的訓練，來彌補些微的天先不足，然後造就很好的成就。沒有人與生俱來什麼都會、什麼都懂。許老師是一個很嚴謹的老師，如果不遵守紀律，很難成為一等一的高手，做什麼都要做到標準點，才能達到訓練的效果，比賽才會有效率。比賽是講求效率的，有效率贏的機會就大。所以訓練一定是很嚴謹的，訓練上產生的問題都必須要去克服。

許老師說：「上場比賽是很殘酷的，就是要贏；訓練上遇到的問題都必須去克服，並不是拿它當藉口。上場就是要贏，輸了就什麼都沒有。所以訓練講求嚴謹及效率，才能得到最大的成效。

另外選手不能因為有更好的選手而自我矮化，一定要找出有利於自己的條件。把敵人的劣勢極大化，把自己的優勢極大化，這樣要贏的機會就比較大。我當時最好的成績是 2 小時 14 分 35 秒，外國人成績比我好的很多，但是考量到我的優勢，我也很自私的把觀眾當成為自己加油的。當許

多人爲我加油的時候，腎上腺素激增，驅使自己跑得更快、更好；教練也會給訊息，對手距離自己多遠或是對手狀況如何，這些都是能獲勝的條件之一。」

許老師過去沒有像現在有這麼好的福利、運動貼紮或是心理輔導諮商等，他還是克服外在因素或內在因素，讓自己的運動表現不斷提升。運動員最重要的是把身體照顧好。許老師面對心情低落會選擇登山或是躺在田徑場上看天空，抒發不愉快的心情，絕對不能因爲心理因素讓自己往下沉。事情過了再重新開始，把自己振作起來，重新再拼。

更讓我欽佩的是，許老師從事田徑長跑運動 17 年，到了第 16 年，許老師的父母才認同他。即許老師參加亞特蘭大奧運的時候，公司免費招待許老師的親人到美國現場加油支持外，還去玩了一個禮拜。許老師的父母才認爲我的小孩雖然不聽我的話，但也不至於像別人口中說的運動不能當飯吃，認同當時許老師的決定並沒有錯。老師用自己的力量及成就得到家人的認同，讓家人知道他的決定與夢想沒有錯，他是有能力做到的。

雖然許老師不再當選手，而任職當教練，但他還是會維持一個訓練，他認爲這是最基本的。有時候教導選手時，選手不一定會理解，就必須做示範，所以要以身作則，不能嘴巴說一套、卻另做一套。

許老師也常跟學生提醒，必須去學第二專長。許老師有二十一張證照，讓自己有多元的可能發展。許老師的許多言論，讓我的感受非常的深。許老師身爲運動員的態度及作法，都讓我很尊崇。就如同許老師說的，做什麼、像什麼，做好自己該扮演的角色。

每位選手都有一個屬於自己的冠軍夢想，馬拉松是一項自我要求甚高的運動。但訓練是孤獨的，每個人必須持續訓練才能累積實力，進而達成自己設定的目標。

許續勝老師與專訪的學生

許績勝　簡介

一、現職

國立臺灣體育運動大學競技運動學系助理教授兼中、長跑教練

二、學歷

國立金門高級農工職業學校（電工科）畢業

臺灣省立體育專科學校（田徑專長）畢業

日本名古屋商科大學（產業經營管理學科）畢業

國立體育學院教練研究所畢業

三、運動成績紀錄

項目	成績	創造年分	備註
10000m	29：12：10	1993年	迄今全國紀錄
馬拉松	2：14：35	1995年	迄今全國紀錄
半程馬拉松	1：04：05	1993年	歷年第二傑
3000mSC	9：10：95	1987年	歷年第十傑

四、擔任國家代表選手參賽經歷

亞洲運動會參賽二次

亞洲田徑錦標賽參賽二次

世界大學運動會參賽三次

世界越野錦標賽參賽四次

世界田徑錦標賽參賽五次

奧林匹克運動會參賽一次

1990年韓國亞洲馬拉松錦標賽第3名

1992年莫斯科國際馬拉松冠軍

五、執教經歷

大葉大學體育教師暨田徑教練

國立臺灣體育運動大學中、長跑教練

2009 年東亞運國家教練

2010 年亞運國家教練

2015 年世界田徑錦標賽國家教練

2016 年里約奧運國家教練

2017 年臺北世大運國家教練

奪得女子半程馬拉松團體銅牌（我國首度在國際賽中的第一面長跑獎牌）

六、證照

中華民國田徑協會國家（A）級教練證

中華民國田徑協會 B 級教練證

中華民國田徑協會 C 級教練證

中華民國田徑協會國家（A）級裁判證

中華民國田徑協會 B 級裁判證

中華民國籃球協會 B 級教練證

中華民國跳水協會 C 級裁判證

中華民國羽球協會 C 級教練證

中華民國桌球協會 C 級裁判證

中華民國籃球協會 C 級裁判證

中華民國保齡球協會 C 級教練證

中華民國保齡球協會 C 級裁判證

中華民國體適能 C 級指導員證

中華民國救生員證

中華民國急救員證

日本語文能力鑑定一級（最高級）考試合格證書

1999 年度游泳教學研習會課程修得證書

2001 年國際田徑總會馬拉松教練講習課程修得證書

2002 年國際田徑總會第一級教練講習課程修得證書

中華民國羽球協會 B 級教練課程修得證書

七、經歷（擔任教練及相關工作）

日本名古屋商科大學田徑隊隊長兼助理教練

日本一關國際半程馬拉松賽國家代表隊教練

大葉大學參加全國大專校院運動會田徑代表隊教練

泰國宋卡國際馬拉松賽國家代表隊教練

金門縣參加 94 年臺北市秋季盃全國田徑公開賽教練

嘉義縣參加 94 年臺北市秋季盃全國田徑公開賽教練

日本琵琶湖男女國際公路接力賽國家代表隊教練

金門縣參加 94 年臺北縣青年盃暨全國田徑公開賽教練

金門縣參加國際田徑邀請賽教練

金門縣參加全國運動會副總教練

金門縣參加 97 年臺北縣青年盃暨全國田徑公開賽教練

日本琵琶湖國際馬拉松國家代表隊教練

日本東海大學生陸上競技選手權大會國家代表隊教練

中國巡迴大獎賽肇慶站國家代表隊教練

廈門國際馬拉松國家代表隊教練

日本東京國際馬拉松國家代表隊教練

擔任大葉大學第一、二屆中、長跑暑期訓練營總教練及講師

擔任金門第一、二、三屆中、長跑暑期訓練營總教練及講師

擔任大葉大學第一屆中、長跑冬季訓練營總教練及講師

擔任 97 年大葉大學中、長跑暑期訓練營總教練及講師

擔任 98-107 年國立臺體中、長跑暑期訓練營總教練及講師

擔任 2009 年香港東亞運動會國家代表隊教練

擔任 2010 年廣州亞洲運動會國家代表隊教練

擔任 2015 年世界田徑錦標賽國家代表隊教練

擔任 2016 年里約奧運會國家代表隊教練

擔任 2017 年臺北世界大學運動會國家代表隊教練

寫給運動員

選手的思維、心智模式、內在素養，
成就你被看見的一切

Part III

操作案例 1
一切都要從毛毛蟲開始

曾荃鈺

曾荃鈺

中華奧會教育委員會委員，全國廣播「空中荃運會」體育節目主持人（入圍兩屆金鐘獎），臺灣體大與北市大兼任講師，英國博贊亞洲華文心智圖法輔導師，業餘三鐵選手。

專長：口語表達、視覺圖像紀錄、心智圖法、生涯規劃、奧林匹克教育。

那天，一杯茶，兩個人，聊了近三個小時。隔天還要出席一場記者會活動跟百貨宣傳的他，一坐下，雙眼炯炯有神的直視著我，沒有寒暄，我也就直接破題。

「你現在過得怎樣？」

「你下一步還想要挑戰什麼？」

「你爲這個挑戰已經做了些什麼？還缺乏什麼？」

「你還需要什麼樣的幫助？你希望我能夠怎樣幫助你？」

這是我最常跟20歲左右年輕運動選手們聊天時的問句，我們的對話真的是如此，但這也沒有什麼了不起。對頂尖運動員來說，精華時間在35歲以下，20歲的他已經到了最黃金的關鍵，應該是不顧一切往前衝，努力打拼的時期。20歲的他，時間夠充裕、體力正好、自覺感受自由度最高的時期；也許在這個時候，年輕選手們渾身散發的是一種奮不顧身往前衝的堅決；卻也是最迷惘、最容易躊躇不前、左顧右盼，機會滿地都是；雙手捧著大把青春可以揮霍，卻又不知道機會成本怎麼計算，投資報酬率高不高；看起來進可攻、退可守，看起來像是做什麼都好，卻又什麼都無法決定。

每個人在不同的生命階段，皆會遇到不一樣的轉折、蛻變時期。有一位心理學家，一個如頑童般的老先生名叫莫瑞‧史丹，他曾經比喻我們人的一生，有三個毛毛蟲時期。

什麼是毛毛蟲時期？

大家一定都知道，美麗的蝴蝶是從毛毛蟲蛻變來的，而這三隻毛毛蟲在心理學上所隱喻的就是蛻變的意思。毛毛蟲時期指的就是我們人生當中，可能最少有三個階段是需要蛻變成長的。

第一個階段，當然就是青春期了。青少年因為身體荷爾蒙的變化，所以會有很劇烈的改變。每個人都曾經經歷過青少年期，或者你家有青少年的話，你就會了解青少年在青春期前後常常會帶給家人令人震撼的轉變。

第二個毛毛蟲時期，就是中年以前，通常在30歲，你會開始覺得自己的記憶力好像沒有以前好了。這個時候，你會進入到第二個毛毛蟲時期的階段。

最後一個毛毛蟲時期是什麼時候呢？就是在中年到老年之間，也是一個人一生中最重要的蛻變期。這個時候你會突然陷入一種非常龐大的迷惘，有些中年朋友在前半輩子工作已經穩紮穩打，有了非常不錯的成績，可是突然在早上醒來覺得這工作好像不是很適合自己？或者有些人可能正在經歷生命當中非常痛苦的事，像是親友驟逝、或是那位你愛了很久的伴侶，有一天突然告訴你沒有辦法跟你過上一輩子……諸如此類的事情，都有可能成為我們人生中蛻變的轉捩點，而這個轉捩點發生時，往往會帶來心理上的失衡與痛苦。

這種感覺，在心理學上將它隱喻成毛毛蟲要破繭而出變成蝴蝶之前的那一段時光。在這段時期，是掙扎的、是痛苦的、是擠壓的、是模糊不堪的，而且這段痛苦很可能會長達數月或是數年，可是，它其實是在引導我們走向一種深刻且長遠的改變。而運動員在他的一生中，將會多了一個時期，在青春期到中年以前，我們稱為「預備退役時期」。

選手平均退休年齡在30歲左右，在退役前，你一定會經過否認、掙扎、猶豫、無助甚至絕望的感受，不管你的退役是自願、還是非自願的，若能趁早為生涯預備，才是上上之策。而這一個階段，沒有人可以幫你接手，只有你自己才能面對。

別當剪蛹的人，要相信選手能夠自己踏實完成

在毛毛蟲蛻變成蝴蝶的過程中，有一個關鍵時期，叫作蛹期。

網路上流傳一個小故事。有一個人無意間找到一個蝴蝶蛹，幾天後，他留意到蛹出現了一個小孔，他就停下來觀察。過了好幾個小時，他見到裡面的蝴蝶用牠細小的身體，想要掙扎的從小孔中出來。

這個人看了很久也沒有一些進度，小蝴蝶好像盡了最大努力也沒有辦

法出來。這個人於是決定要幫牠一把，他找來了剪刀將蛹剪開一個洞，心想：這樣蝴蝶就不用費這麼大的力氣，應該很容易就可以飛出來了。

這個人繼續觀察蝴蝶，他相信蝴蝶很快就能展翅高飛，但這隻蝴蝶的形態有些特別，身體肥腫，翅膀又細又弱。小蝴蝶不但未能展開斑斕的彩翅飛翔，只能笨拙的拖著肥腫的大身體和細弱的翅膀，在地上費力的爬著走，永遠都無法飛行。

在生物學上，這個自以為在幫蝴蝶解決難題的善良人，不了解蝴蝶必須用牠細小的身體從小孔掙扎出來，蝴蝶必須經過這個過程，才能將身體裡的體液壓到翅膀中，讓身體變輕，翅膀才能張開。

大自然奇妙的設計，就是蝴蝶從蛹中掙扎出來是預備將來飛行需要的裝備，就像是生命裡很多的掙扎奮鬥，是為了展翅高飛、遨遊天地而預備一樣。

人的一生不也是如此？

毫無艱難困頓、順利的過一生，我們也許就不會變得堅強，也不會成長。但也只有少數幸運的人明確知道自己要什麼？可以做些什麼？多數人則是曲曲折折、跌跌撞撞的摸索，甚至到老都不知道自己要的是什麼？人生沒有這麼多的理所當然，有時候冷不防被現實打了一巴掌，嚴重質疑起自己，孤單的對抗著大風大浪，運動員常常是如此，因為懂你們的人不多。

在奧林匹克教育實務操作應用課程中，我們認為所有的生涯規劃都要從個人分析開始、從自我檢視開始，從沒有意識到至開始注意到，並且逐步分析觀察，你就有機會釐清自己站在哪裡、要去哪裡，還有哪裡可以去。

這不是一堂教導你知識的課程，而是一堂引導你方向、相信你可以的旅程。我們嘗試用國際觀點與本土實例操作交叉搭配，提供一些經驗建議，也希望趁早建立起運動員的人生價值觀。

運動員擁有單純的眼神、簡單的話語、眞誠的心靈，以及充滿無限的可能性；不用經過別人同意，因爲我相信你們一定可以。這本書蒐集許多優秀運動選手實際操作案例提供你做參考，他們的答案或許不一定適合你，但有人可以，你爲何不行呢？只要你照著步驟嘗試，一定可以完成，也歡迎有做練習的運動員們可以線上跟我討論唷！

操作案例 2
關鍵少數的專注力

曾荃鈺

曾荃鈺

中華奧會教育委員會委員，全國廣播「空中荃運會」體育節目主持人（入圍兩屆金
鐘獎），臺灣體大與北市大兼任講師，英國博贊亞洲華文心智圖法輔導師，業餘三
鐵選手。

專長：口語表達、視覺圖像紀錄、心智圖法、生涯規劃、奧林匹克教育。

「運動有 90% 在於心理，剩下的才在於身體。你如果要表現得像頂尖運動
員，就必須要有跟他們相同的思維、心理技巧與金牌策略。」

——MLB 教練尤吉・貝拉（Yogi Berra）

（註：Yogi Berra 曾十八次入選全明星賽，獲得十次世界大賽冠軍，生涯擊
　　　出 358 支全壘打，1,430 個打點，三次獲得美國聯盟最有價值球員的
　　　球員之一，在 1972 年被選入棒球名人堂。）

與自己對話

　　想像你自己，迎著風站在棒球場的投手丘上。在一局上半時，你投出的第一顆球投出時的感覺，跟九局下半滿，一、三壘有人，兩好三壞時的關鍵投球時的感覺，有哪裡不一樣呢？

　　生理動作一樣的投球，但是心理呈現的壓力卻是截然不同。

　　告訴自己：一切都在掌握之中。

　　你的比賽成果，只是練習總和的一場驗收。

　　從呼吸開始，6秒緩慢吸氣，2秒閉氣，7秒吐氣的循環，連續做2次。

　　30秒讓自己進入專注的狀態，掌握自我。

國內外案例

做的愈多，實際上完成的愈少

先說個故事。

1911 年 10 月，兩支競爭隊伍踏上南極。在此之前，地球的各個大陸板塊已經都被人類征服了，北極點也在 1909 年被美國人拿下，只剩下這塊冰封的南極大陸。

兩支團隊分別是：英國皇家海軍司令領導的史考特團隊（Robert Falcon Scott），以狗、小馬、拖拉機為主要運輸工具，人多、船大且經費充足；以及由航海經驗豐富的挪威人阿蒙森（Roald Amundsen）帶領的團隊，阿蒙森在 1910 年時搭乘「費拉姆」號（Fram）從挪威啟航，經過數月的航行，跨過西北航道，來到羅斯冰架一處的鯨灣，在這裡進行長達十個月的準備工作。

兩隊登陸南極後，目標是往南極點推進。雙方各自紮營，他們知道彼此的存在，但卻在缺乏地圖、通訊工具跟救援的環境下，無法知道對方確切的方位。腳一落地，他們要接受的是零下 52 度酷寒極地的考驗，身上的衣服都被凍的硬邦邦的，但風雪卻只有更加嚴酷。

這場極地的競賽有多困難呢？兩隊都必須要跨越 400 哩的冰障，在登上南極高原之前還需要攀爬 10,000 呎的高山。上了南極高原後還要再前進 400 哩，才能抵達南極點。由於南極空無一物，因此零下 60 度的寒風刺骨，連雪橇狗都受不了，風會吹的人分不清東西南北，並且在暴風雨中物資極度缺乏下，他們甚至要殺狗果腹。

54 天後，1911 年 12 月 14 日，由挪威探險家阿蒙森所帶領的團隊成功站上南極點，插上挪威的國旗，寫下人類在南極點的歷史篇章，之後再跋涉 1,600 哩回到基地。反觀史考特團隊，他晚了一個多月後抵達了終點，累到虛脫，餓得半死，卻發現挪威國旗已經在空中飄揚。

不幸的是，在史考特返回營地的途中，由於天氣惡劣、飢餓受凍，一行人不支倒地。一場暴風雪來襲後，他們的屍骨與帳篷都長眠於雪地之中，而下一個補給站只在 11 哩外。

你願意做阿蒙森，還是史考特？

兩隊都是專業人士，都是孤注一擲，爲什麼仍然有結果上的差距？科學家們在兩者的日記跟裝備調查中發現，兩者其實在執行上有很大的差異。

在整個探險過程中，阿蒙森一直是維持著持續推進的原則，天氣好時絕對不會走得太遠，以免精疲力竭；在遭遇惡劣天氣時，也堅持前進，保持進度。他把探險隊的每日里程控制在24-34公里。反觀史考特團隊則是相反，在天氣好時，史考特讓隊員們全力以赴；天氣不好時，則躲在帳篷中抱怨這鬼天氣。爲什麼阿蒙森認爲堅持前進很重要？莫頓·韓森跟柯林斯兩位學者在《十倍勝，絕不單靠運氣》這本書中解釋道：

1.每天都前進，讓你對自己的能力保持信心。

2.在遭遇破壞性打擊時，讓你減少災難發生的可能性。

3.在失控的環境中，依然保持自我的自制力。

在南極，天氣是破壞自制力跟意志的殺手；更重要的是，偶爾的「好天氣」更會破壞人的心態與預期，懷著僥倖的心理想要進入酷寒的雪地，這樣的心態根本無法在極地中生存。偶爾的好天氣像是機會一樣，讓你覺得機會多，就忘記分配好自己有限的資源而拚命趕路；當暴風雪一來，落差太大，更是舉步維艱。只有專注在自己已經寫好的關鍵計畫上，逐步推進才有成功的可能。

另外在工具與資源上，史考特的人手是阿蒙森的3倍，經費是阿蒙森的2倍，以資源來說是有懸殊的，但爲什麼最終是資源少的獲勝呢？史考特有五種交通方式，狗、雪橇摩托車、西伯利亞矮種馬、雪地滑板和人力拖拉，只要任何一種出了狀況就用其他方式做後援，持續推進。反觀阿蒙森則是孤注一擲，只有一種交通工具，就是狗，而且是格陵蘭犬，萬一雪橇犬耐不住，不敢前進不就完蛋了嗎？但結果正好相反，選項少的竟然勝出，原因爲何呢？

其實阿蒙森勝出的關鍵，不是他只選擇了狗當工具，而是他選擇放棄

其他的工具，因此可以專注在如何操控雪橇犬，以及挑選最好的品種與讓紐特人訓練雪橇犬來駕馭雪橇，他沒有花費較多的力氣，但是更專注且投入，把所有的資源投注在選定要做的事情上。反觀史考特，雖然有五種的交通方式可以選擇，因此要忙著張羅工具與規劃安排，所以挑選狗與矮種馬的工作不是他自己執行，而是由他的助理米瑞斯（Cecil Meares）前去。米瑞斯對矮種馬根本沒有研究，但他是挑選狗的專家，因此史考特團隊的那二十隻矮種馬，其實是拖慢這場極地探險競爭速度的主要原因。況且五種工具的行進時間根本不一致，因此需要互相等待配合，史考特出發後在自己的日記上寫道：「這支隊伍實在是太混亂了」。

如果更少的事情就能解決問題，我還需要更多資源嗎？

這個南極的故事，其實在挑戰我們一般人對自己生涯的思維與迷思。

我們好像都已經習慣要準備很多，做到很多，上很多的課，學很多的東西，不斷的成長，就像是史考特費心的準備五種交通工具一樣。我們相信只要我們愈努力、做更多，就會有更多的機會，成功的機率就會提升。但你肯定也發現，想要做的愈多，實際上可能完成的就愈少，所以想要以多致勝並不是一個聰明之舉。

另一個重要的訊息是，專注一個目標還不夠，你還要放下其他你也很想要，但不是最重要的目標。這表示不是選對了、就贏了，也不是專注了、就贏了，你還必須要持續的專注，選擇幾個關鍵的少數目標，確立你的優先要務之後，投入時間、心力、金錢，全力以赴才有機會出類拔萃。

阿蒙森會獲勝不是因為他會挑選狗，而是他沒有選其他的工具，因此專注在於團隊與雪橇犬的訓練上。如果他選對了狗，但是沒有專注在雪橇犬與駕駛雪橇人的訓練上，在極地移動時的速度肯定會大打折扣，也就可能無法贏得這場競賽。因此，在**關鍵少數項目上的專注力**至關重要。

帶領過五支球隊奪得 NBA 美國職業籃球聯賽冠軍的名人堂教練帕特・萊里（Pat Riley）曾經創造過一個辭彙叫做「貪多症」（the disease of more），是從他的經驗中感受到的。他描述在教練生涯時，常會一再注意到獲勝的球員會像是某種新創企業或是公司一樣，專注於得到更多而不是做的更好。當運動員獲勝時，他們會自負或高估自己，因此妨礙了所有可以幫助他持續奪得冠軍任務的事，像是練習或維持專注力，然後被更多的代言、頒獎活動、讚揚及媒體關注所吸引。這些選手做了更多的事情、更忙碌，但是運動表現更差。因此，他們最終是輸給了自己，而不是輸給對手。

找到自己的高價值區，開放且專注

注意力（attention）的字源來自拉丁文的「attendere」，原意是向外延伸，將我們與世界相連接，進而創造與規劃我們的經驗。這讓我想到輔導過的一位職業桌球選手小廖的經歷。

「我渴望每天都有進步，做出更多桌球上的技術變化。」
「我渴望可以有人引導我，讓我有更多的想像空間，豐富我每天的訓練跟生活。」

小廖，23歲，臺灣前四位進入德國桌球職業聯賽的運動員，最佳的世界排名是世界男子單打第36名。現在的他，說出自己對運動成就的渴望，目標鎖定在2年內排進世界前十五，這也是他目前所在職業隊上所有選手最好的成績。

我們見面之前，他其實非常擔心，職業比賽長時間的飛行跟移動、轉隊、換教練、安排行程，他渴望有個助理或是經紀人可以協助他，也希望自己的訓練要更多、時間更長，因爲他覺得自己現在不夠強，是練的還不夠。

小廖練桌球已經14年，超過他從出生至今一半的時間。在每一個正拍與反拍的來回揮擊中，在超過生命一半以上的時光裡，桌球帶給他的已經不僅是運動，更幾乎是他生命的全部。

「如果35歲不打球之後，你最想要做什麼？」見面後喝著咖啡，我開頭就這樣問。「我想要好好當一個學生，好好感受一次大學的生活，因爲我好羨慕他們。」小廖眼睛閃爍著光芒。

從高中開始長時間出國比賽，因為桌球遊歷了超過30個國家，比起一般大學生早7年就脫離了校園生活，聽起來很美好，但在一次又一次的移動中，每天醒來他都要問自己：我現在在哪個國家？

一次美國大學的走訪，小廖看到同學們坐在草地上討論作業、聊著天，這樣的生活是他從國中以後就再也沒有過的。

「我想要擁有一次完整的學生生活，這是我真的想要的。」從小廖發亮的眼睛中聽到這樣的回答，我更確信，其實許多美好的生活哲理，就藏在這些小小的夢想中。

「職業隊的壓力跟挑戰真的很大，但我知道這不只是屬於我個人的勝利，我更希望自己的經驗未來可以貢獻給臺灣桌球界，讓更多選手知道世界很大，也真正幫助到未來的桌球選手。」小廖嘴上說著，我聽起來這條路好長好長，既孤單，而且無前例可尋。「但我始終相信，在希望與失望的決鬥中，只要有勇氣堅持，最終的勝利一定是屬於希望的。」小廖笑著說。

在一對一輔導的過程中，我請他深呼吸後，用一張圖回顧他所有生命經歷的點點滴滴，然後問他：你想要成為什麼樣的人？你想要得到什麼樣的結果？

然後我請他確認以下的問題：

* 我對自己現在的成就已經心滿意足了嗎？
* 是什麼讓我無法表現出最佳狀態？最佳狀態是什麼樣的感覺？
* 我是否有自信達到我渴望追求的目標？
* 我該怎麼做可以成為更好的自己？
* 我是否願意竭盡所能，付出一切代價，更努力地成為世界頂尖的桌球選手？
* 我是否已經做足充分準備，享受比賽場上的所有意外呢？
* 我目前的狀態是處在「好」到「最好」過程中的哪個階段？我該如何補足做到「最好」？
* 我打算繼續成為職業選手多久？我會依然健康有競爭力嗎？

我們一個一個的分析、討論、計算，並且告訴他，我們從來就不需要羨慕冠軍，而是要擁有成為冠軍的心態與習慣。而成為高手的第一個關鍵就是專注，再難的路你都已經堅持了14年，你能夠把看似無聊的訓練當成樂趣，就像是受傷的球員，轉換心境，將日復一日的復健動作，當成是每日的運動訓練跟挑戰一樣，我們專注在最需要協助的地方，集中資源，一切才有可能。

　　我很喜歡星際大戰中的尤達大師（Yoda）所說：「你的專注，決定了你的存在。」湯姆·漢克曾說：「現代的新科技讓人不再無聊，卻也讓生活的每一刻都處於分心狀態。」分了心，我們的人就不在；而什麼是專注？就是指在一段時間內，能持續地、有選擇地將注意力集中在特定的訊息上的行為。或者簡單地說，「專注就是一種注意力偏差」（Lachaux, 2015），專注的人能有偏差地篩選並持續關注部分訊息，同時，排除其他訊息干擾。

　　現在小廖最需要的，絕對是與教練的默契安排跟高強度賽事的洗禮，專心找回自己最滾燙的手感，然後將心情與雜事割捨（或是委由他人全權處理），讓自己多幾次賽事中的心流經驗，保持專注且開放。留著這樣的手感，當你下次回頭望時，眼界的差距會回饋到心智上，你將會站在一個更高的位置上，而一切都會在你的掌握之中。

　　小廖，你行的。

操作練習

1. 深呼吸，肩膀放鬆

現在請你把困擾著你的問題或在意的事情寫下來，條列出來即可。（這個階段請不要思考解決對策，讓思緒流動一下）

2. 問自己

我想得到什麼？我想要成為什麼樣的人？我想要得到什麼樣的結果？如果我想要的目標很多，那麼目前哪一個目標對於我來說是最重要的？我有辦法排列出優先順序嗎？

3. 想像一下

想像自己在離這些問題很遠的地方，可以想像，將每個問題跟答案裝箱，或是收進抽屜裡。整理好之後，心就有了空間。和問題保持距離，可以沖淡不安與焦慮的情緒，更客觀的看待，心情也會比較平靜。

4. 排序

要解決糾結、複雜的問題，要先整理出順位。現在，請把順位排在後面的箱子或抽屜蓋上，眼前只放需要的東西。

5.感覺問題，心懷感謝

每個問題都是資產，問題解決了就變成機會，思考自己現在對於這個問題有怎樣的感覺，如果要形容的話，可以尋找吻合自己身體感覺的語彙（例如：胸口悶悶的、吐氣得到解放的感覺），並且跟自己確認是不是這樣的感覺。找到屬於自己的感受方式後，再用理性的頭腦來思考解決這個問題。

運動員選書

《刻意練習：原創者全面解析，比天賦更關鍵的學習法》

　　關於專注，我挑選刻意練習，因為我們對自己人生的掌控力其實遠遠超出自己的想像。這本書介紹透過有目標的訓練與練習重新塑造大腦和身體，是專長發展的關鍵所在，也就是後天的刻意練習對專長發展發揮了關鍵作用。刻意練習這本書從「有目標的練習」著手，深入淺出，道出正確練習的方法，以及如何將有目標的練習提升至刻意練習的途徑，非常推薦大家閱讀。

原文作者：安德斯・艾瑞克森（Anders Ericsson）
　　　　　羅伯特・普爾（Robert Pool）
譯者：陳繪茹
出版社：方智

操作案例 **3**

在最有價值的地方，
做高績效的事

曾荃鈺

曾荃鈺

中華奧會教育委員會委員，全國廣播「空中荃運會」體育節目主持人（入圍兩屆金鐘獎），臺灣體大與北市大兼任講師，英國博贊亞洲華文心智圖法輔導師，業餘三鐵選手。

專長：口語表達、視覺圖像紀錄、心智圖法、生涯規劃、奧林匹克教育。

與自己對話

對於未來，你在擔心什麼？擔心不符合家人的期待？擔心社會的觀感？

上天給你無限的機會，卻只給你有限的時間，

三流的人靠努力，二流的人靠技藝，

而一流的高手，靠的是專注在高價值區。

永遠不要在熱門領域隨波逐流，

高手，就是在高價值區做出高績效事情的人。

持續做那些少，但是更好的事情。

複製成功，並且看得更遠。

只有專注在高價值的地方，是高手不被攻破的護城河。

國內外案例

世界是一問一答的存在

這讓我想到 2016 年，我人在巴西里約奧運會現場，趁著工作空檔，依照電子郵件邀請函的指示，我前往位在奧運主場館馬拉卡納附近的一個文物展覽中心，那裡是國際奧林匹克學院之友會（IOAPA）的展覽活動地點。現場有運動選手、政府官員及協會的夥伴參加，有歷史、有 IOA 的精神價值，更是我收穫關於奧林匹克精神永續傳承目標的地方。

國際奧林匹克學院之友會（International Olympic Academy Participants Association，簡稱 IOAPA）是一個非營利的自發性體育組織，會員皆是由各國奧會推薦並參加過國際奧林匹克學院（IOA）舉辦的相關活動的體育界人士。IOAPA 配合著世界各地的大型運動賽會，不定期舉辦活動與演講，致力於延續奧林匹克學院精神，並鼓勵所有夥伴對奧林匹克教育付出行動，而我其實也深受感召。

走進活動的大門，門上高高懸掛著五個問題，要身為運動員或運動參與者的我們先問問自己，我簡單翻譯如下：

1. Can the Olympics start a ripple that helps the world work better?

   奧林匹克運動會能否像落入水中的石頭，引起連漪幫助世界走向更好？

2. What will your legacy be? Is it who you leave behind, or what you leave behind?

   你一生想要留下哪些遺產？是有人可以傳承你？還是你要為世界留下些什麼呢？

3. What can business learn from the spirit of Olympic teams?

   企業可以從奧運團隊的精神中學習到什麼呢？

4. The Olympic legacy is to make the world better. Can you help it to work better?

奧林匹克運動會留下的遺產，就是要讓世界變得更美好。你能夠在這件事上，幫上哪些忙使它更好呢？

5. Like sport, can business leave a legacy by striving for better?

企業能否像體育一樣透過追求更好，進而留下美好的遺產呢？

這些大問題，其實都是關於奧林匹克長期永續的價值性提問。

一般人常以為，遇到問題最好的解決方法，就是在決定之前學習更多的知識，蒐集更多的資料。但這就像開車時只看後照鏡一樣，我們的知識往往只關注在過去。的確，經驗和資訊可以當成引導我們的老師，然而，關於未來的複雜性問題，其實更需要的是方法與理論框架。你不一定得結過好幾次婚，才知道如何當一個好丈夫或好妻子；你也不必等到小孩長大成人，才知道如何做個好父母，這就是理論與方法的價值。在你有實際經驗之前，即可利用科學化的方法跟理論思考未來會如何，也只有當我們往未來看，回答這些具有價值性的提問之後，我們的執行才不會愈做愈偏，也才不會落入低水準的勤奮中。

你應該追求的不是產值，而是價值

在這一連串的提問底下，主辦單位附上一個小標題，這個小標題就像是一條引線一樣，將一個個的問題串聯起來，上面寫著：The better the answer, the better the world works. 我好喜歡這段話，我自己將這句話翻譯成：**你回應問題的品質，將決定這世界運作的樣子**。

一個人如何定位自己，端看你想要問自己什麼問題；而你回應問題的方式，更是反映出你看待事物的眼光。

關於奧林匹克的下一步，延伸到大型賽會上就是legacy（遺產），延伸到每個人生上就是 Olympians for Life（生命）。你會如何透過運動來延續你的生命呢？如果從奧林匹克教育的角度來說，我更想知道的是，我們該如何教育選手們，將從運動場上學到的知識、情意、技能，轉化到職場上，為自己省下時間，也創造自己的特色呢？

這讓我想到一個美國職棒巨星，泰德・威廉斯的故事。

高手，就是在高價值領域，持續做出正確動作的人

上一案例我們談專注，這一案例我們來談談要專注在什麼地方最有績效？答案是高價值區。

如果你聽過大名鼎鼎的股票之神巴菲特，那麼泰德・威廉斯在棒球界的位置，可不比巴菲特在金融圈的位置低。

泰德・威廉斯（Ted Williams）是波士頓紅襪隊的打擊手，他被稱為「MLB 史上最佳打擊手」，生涯最高打擊率是四成，十七次入選全明星賽，並在 1966 年入選棒球名人堂，用傳奇兩個字形容他是完全不為過。他在一本教科書《打擊的科學》（*The Science of Hitting*）中提到一個很重要的觀點：高打擊率的祕訣不是要每一個球都打，而是只打甜蜜區裡的球。專注打「甜蜜區」的球忽略其他區域，就能夠保持最佳的打擊成績。

泰德・威廉斯把一個長方矩陣的打擊區劃分成 77 個圓形區域，每一個區域只有一個棒球大小，代表著球投進去的位置。只有當球進入最理想的區域時，他才揮棒打擊，這樣才能保持四成的打擊率。如果勉強去打擊位置最遠的球，他的打擊率會降到三成或是二成以下，所以對於非核心區的球，任何其他球從他身邊投過來，也絕對不揮棒。

這個策略聽起來簡單，但要執行起來卻是非常的不容易。你想像一下，在關鍵的勝負關頭，全場幾萬名的觀眾神經就像是吊了千噸貨物的細鋼絲，隨時都會崩斷，大家眼睛盯著你、希望你打出安打，這時候，一顆低球慢悠悠地飄進一個非甜蜜區，像是一個唾手可得的好機會，你要打還是不要打？

這時候，哪怕場邊觀眾激動大喊：「打啊！為什麼不打？」、「搞什麼東西，這球我阿嬤都打得到。」在全場噓聲雷動的情況下，你要堅持打高價值區的球，需要強大而冷靜的內心與對規律的定見。

棒球比賽有兩類的打者。一類是球來就打型，每次打擊都全力以赴，甚至追求全壘打；這樣類型的打者需要有很強大的力量跟體格，除了需要有先天的基因條件外，在連續高強度的職棒聯盟中，很多人甚至會冒險服

用禁藥來提升力量。另外一種類型就屬於聰明的打擊者，他們的先天條件不一定好，但是很聰明；他們只打高機率的球，也不追求強打跟全壘打，只把合適的球打到沒有隊員防守的地方。世界上排名前十的棒球打擊都是後面這類人，而泰德‧威廉斯顯然是個中高手。

為何我們總錯過或找不到甜蜜區？

也許聽完你可能會說：這有什麼難的，反正就是找到自己的優勢嘛！

理性來講是這樣沒錯，但當你的身邊都是「鼓噪球迷」和「鍵盤教練」時，情況就沒那麼單純了。這個社會往往大家都喜歡自我放大，擁有很高的社會期待、文化壓力，面對普遍的認知、親友的建議，這些都是你在做高價值選擇時身邊的球迷和教練。

我來說說我自己，高中時念數理資優班，跟體育是八竿子打不著邊。升高三時老師問我要填哪些科系，我想說都念數理了就填醫學、電機這些三類的科系吧！也正逢當時三類組包山包海，反正進可攻、退可守，我就這樣稀里呼嚕繼續念下去。但每次上課我都覺得很奇怪，為什麼物化老師上課的聲音那麼小？而且還是愈來愈小聲，小到感覺根本是靜音。哇哩咧，原來不是他們聲音小，是我上課都聽到睡著了，當然成績肯定是慘不忍睹。

後來我的導師陳相如老師，他其實觀察到我很喜歡幫助同學，也在體育課、班會課上時特別活躍。於是導師把我找了過去，一再跟我確認想要填寫哪些未來的志願，並且建議我可以嘗試哪些新的可能。但是你猜，我答應了沒有？

沒門！因為那時候的我念的是資優班，而且模擬考也考過全校前10名，自認成績可好的很呢！況且家人、親戚都說：念中字輩以上的學校肯定優質（中山、中正、中興等），自覺自己在三類組中肯定能出類拔萃，我只是還不夠努力而已。當時我心裡對自己的理解是：「只是我不想念罷了，要是讓我認真起來，連我自己都會怕啊！」

你看，這就是「社會期待」跟「普遍認知」。好面子、自以為是、搞不清楚自己的甜蜜區在哪裡。後來我的人生在大考滑鐵盧之後，才痛定思痛，一切重來，也因緣際會的走到體育跟媒體這個領域。而這一跨，海闊天空、天朗氣清，也才有現在做體育節目的我。

我回想自己，為什麼我們總是錯過甜蜜區呢？

第一，把甜蜜區放太大。想要一把抓，真以為自己能 hold 住全場，但最後，留不住，卻又捨不得棄。

第二，聽不進或是逃不開。像我的案例就是聽不進，覺得自己很行，是別人小看了我。另外還有一種就是承受別人的期許，比方你的專長是文學，但他們說會喝西北風，硬要你去學商，所以你得有逃離束縛的勇氣。

想想泰德‧威廉斯吧！找找自己，你的甜蜜區在哪呢？

飛過來的好球很多，「穩定」的直球、「跟風」的曲球、「期待」的滑球……但請你仔細聽聽自己的心，追求穩定的人生、跟風的人生、符合家人期待的人生，做了，你快樂嗎？不做，你後悔嗎？我是為了滿足別人？還是自己真心喜歡呢？

要想讓那些鼓噪球迷和鍵盤教練安靜一會兒，你或許還需要一些理論方法。

剛剛談完美國職棒的打擊手，現在讓我介紹另外一位日本職棒的投手跟打擊名將——大谷翔平的目標執行法讓你嘗試一下。

大谷翔平的目標執行法

身高 193 公分、25 歲，笑起來有些靦腆的大谷，在他邁入職業生涯的第二年，就曾創下「雙十」（以投手身分拿下十勝，以打者身分擊出十支全壘打）的難得佳績。「二刀流」的身手，更被譽為是美日棒壇近百年來的第一人（上個世紀是貝比‧魯斯）。

大谷的高中教練佐佐木洋曾經描述過大谷。早在高一時，大谷翔平為了磨練自己，就以「九宮格」為基底，製作了一張複雜的「目標達成九宮格表」。在這張複雜的九宮格紙上，中央列著他高中畢業前的終極目標：

同時成爲八個球隊的第一指名，如果這個目標順利達成，他將超越高中學長菊池雄星，成爲最多球隊追逐的新人，也將追平日本職棒史上紀錄。

環繞這終極目標的角落，分別是八個次級目標，包括體格、控球、球質、球速、變化球這五個頂尖棒球員必須具備的球技，以及運氣、人氣、心理這三個進階版的人格特質。在每個次級目標之下，再詳列出八個實際作法。一張九宮格圖上，林林總總規劃了六十四項可執行的行動步驟。

16 歲的大谷翔平，就開始根據這複雜的步驟，照表操課，一步一步，讓百年難得一見的二刀流技術成眞。如果你仔細觀察這六十四項，可以看出大谷翔平超乎一般運動員的嚴謹紀律：每天前蹲舉 90 公斤、深蹲舉 130 公斤，一天吞下十碗白飯。

更難得的是，他對自己球技以外的要求。爲了在變化多端的球場上，展現健全的心理素質，他要求自己「不要一喜一憂」、「心情不起伏」、「乾脆、不猶豫」、「體諒夥伴」，但要「對勝利執著」。連抽象、不可預測的運氣、人氣，也在他的練習項目中：「爲人所愛」、「珍惜球具」、「撿垃圾」、「對裁判的態度」、「讀書」，在大谷心中，都視爲偉大棒球員的重要鍛鍊，而這點在運動員身上普遍是難得的。

透過這張檢查表，大谷等於是在一個 16 歲少年的完美身體上，安裝了一個 30 歲的成熟腦袋。

「就算因爲輸球而懊悔，他也不會表現出來，隔天就鬥志滿滿，爲奪回下一場勝利練習。」高中曾爲宿舍室友、曾經同爲火腿隊選手的岸里亮佑，見證了少年大谷的早熟。連受傷無法投球時，大谷也靠著努力加餐飯，用增重來當作復健。

「手不舒服就換練腿呀！」大谷自己強調：「其實沒有哪一個目標是最難的，重要的是，在紙上具體定下數字與期限，然後去好好實踐。」

身體保養	喝營養補充品	前蹲舉90公斤	腳步改善	軀幹強化	身體軸心穩定	投出角度	從上把球往下壓	手腕增強
柔軟性	體格	深蹲舉130公斤	放球點穩定	控球	消除不安	放鬆	球質	用下半身主導（投球）
體力	身體活動範圍	吃飯早三碗、晚七碗	加強下半身	身體不要閉掉	控制自己的心理	放球點往前	提高球的轉數	身體活動範圍
乾脆、不猶豫	不要一喜一憂	頭冷心熱	體格	控球	球質	順著軸心旋轉	強化下半身	增加體重
能因應危機	心理	不隨氣氛起舞	心理	八球隊第1選擇	球速每小時160公里	軀幹強化	球速每小時160公里	強化肩膀附近肌肉
心情不起伏	對勝利執著	體諒夥伴	人氣	運氣	變化球	身體活動範圍	長傳球練習	增加用球數
感性	為人所愛	有計畫	問好	撿垃圾	打掃房間	增加拿到好球數的球種	完成指叉球	滑球的品質
為人著想	人氣	感謝	珍惜球具	運氣	對裁判的態度	緩慢有落差的曲球	變化球	對左打者的決勝球
禮儀	受人信賴	持續力	正面思考	受人支持	讀書	保持與直球相同的姿勢	從好球區跑到壞球區的控球力	想像球的深度

大谷翔平九宮格圖

資料來源：Google網路資料

國中大谷翔平的超齡思維

年僅 15 歲的大谷翔平，國中時期就對棒球有非常大的興趣，並且希望可以有機會升上日本職棒大聯盟成為八大球團的第一指名打擊，這個夢想帶著他持續前進。但有夢想還不夠，需要有可以執行夢想的計畫與貫徹的決心，九宮格表正好是大谷的夢想具現化呈現，也因此陪伴他完成目標。

運動員是最常檢視目標的一群，他們的生活被 4 年一次的奧運會、4 年一次的亞洲運動會，以及每年各種世錦賽、世界盃、亞錦賽、亞洲盃給團團包圍。選手們透過賽事檢核自己，有目標的前進，一步一步的累積積分與大賽經驗。目標設定似乎是選手一直在做、必須要做、不得不做，卻又不一定做的很好的一件事。

絕大多數的選手在離開運動場後，常常會抱怨：「之前這些賽事目標又不是我訂的，是教練安排的。」但脫離教練的安排後，你對自己的人生又有多少掌握？你對自己的下一步，有寫下目標嗎？

拿出一張空白紙，馬上來試試看吧！

操作練習

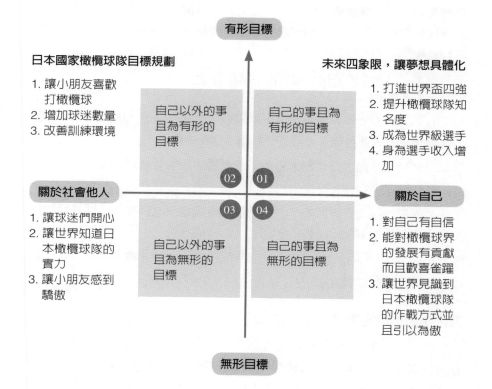

日本國家橄欖球隊目標規劃

1. 讓小朋友喜歡打橄欖球
2. 增加球迷數量
3. 改善訓練環境

未來四象限，讓夢想具體化

1. 打進世界盃四強
2. 提升橄欖球隊知名度
3. 成為世界級選手
4. 身為選手收入增加

關於社會他人

1. 讓球迷們開心
2. 讓世界知道日本橄欖球隊的實力
3. 讓小朋友感到驕傲

關於自己

1. 對自己有自信
2. 能對橄欖球界的發展有貢獻而且歡喜雀躍
3. 讓世界見識到日本橄欖球隊的作戰方式並且引以為傲

有形目標

02 自己以外的事且為有形的目標
01 自己的事且為有形的目標

03 自己以外的事且為無形的目標
04 自己的事且為無形的目標

無形目標

　　目標要夠具體才容易實現。寫目標就像是叫計程車，上車後司機問你：「要去哪裡呀？」如果你回答他：「司機大哥，請你載我到一個很美的地方、很幸福的地方。」你猜猜司機有可能知道這地方在哪裡嗎？他可能只好請你下車，或是請你告訴他到底在哪條街跟哪條路的交叉口，他才有可能抵達。

　　操作九宮格目標設定計畫時也是如此，目標一定要夠具體，具體描述你要的東西是什麼，而且核心目標最好要有一點點的小難度（不然何必花時間設定目標呢？）。過程中如果發現已經達成，或是已經突破了，就可以再寫下新的目標。人生其實就是很多小目標的持續堆疊，設定小的目標是邁向成功的最重要第一步唷！

一般人初期不容易想到要什麼，也沒有關係。你可以先區分成關於自己想要的目標與關於他人（家人、愛人）的目標，或是區分一下自己想要的東西是有形、還是無形的，透過象限圖的劃分，你有機會更清楚知道自己的目標。

　　順著大谷翔平的邏輯，我們也來操作看看：

1. 首先思考，你有沒有一個可以帶著你前進的深遠、渴望達成、有點難度的主要目標？（將這個目標寫在正中央）
2. 圍繞著這個主要目標，寫下要完成它的八個最重要的次目標，又是什麼呢？
3. 從每一個次目標開始，一一分析要達成這個次目標的八件具體的執行內容與事項，又是什麼呢？
4. 完成9×9宮格後逐步檢視自己，並且張貼起來，讓目標有機會進到自己的行事曆當中。

九宮格目標設定實踐者──謝育宏

　　我有一位學生名叫謝育宏，我真的覺得他是九宮格目標設定的受益者。他是一位鐵人三項世界錦標賽的職業選手，近幾年拿下 2018 IRONMAN 70.3 臺灣站亞洲排名第 2、廈門站職業選手組第 8 名的成績。在這之前，他想要在鐵人三項運動上成績持續進步，並且希望可以下定決心往職業選手邁進（這兩件事情相輔相成）。而在上完九宮格目標設定課程之後，他自己坦言，這樣的思考方式對他的影響很大，其中最明顯的就是**將最重要的核心目標跟執行方式具體化**。

　　育宏說：「具體化就是他可以明確的把過去都曾經想過、想要做過、檢討分析過的內容，重新整理在一張紙上，這樣我就可以想得更完整，也可以思考要執行的這些事情彼此間的關係。」透過九宮格目標設定在一個頁面中就能掌控全部的細節，並且把自己想要做到的年度目標張貼在書桌上、廁所中、餐廳桌面、存在手機的相簿中，讓目標顯而易見，可以隨時提醒、檢視自己的目標執行結果，甚至與身邊的隊友相互討論分享，把目標透過身邊人的提醒，更有機會實際執行。

日常練習紮實	托球次數增加	踢球姿勢微調	耐力跑	爆發力	肌力訓練	日常踢球訓練	放鬆	肌肉
寬闊的視野	控球	冷靜放鬆	柔軟度	跑步速度	步態調整	看準球	踢球能力	姿勢
小心謹慎	看準踢球方向	想像力訓練	心情狀態	保養釘鞋	要贏的執念	身體柔軟性	心志強度	看遠方
想像力訓練	對贏球的執著	不要忽喜忽憂	控球	跑步速度	踢球能力	本體軀幹穩定	判斷力	護球前進踢去
對自己有信心	心智狀態	常把隊員當對手練	心智狀態	全國職業足球後衛	護球前進能力	盤球功夫	護球前進能力	寬闊的視野
改正錯誤	檢討自己而非他人	確認目標	守備能力	運氣	獲得團隊信任	重心移動法	不讓人搶走球的意志	肌力訓練
身體練強壯	跑步速度	跳躍能力	不說人閒話	注意用字遣詞	整理身邊衣物	多關心隊員	該嚴格就嚴格	基本功
寬闊的視野	守備能力	跑步速度	不抱怨	運氣	幫助人待人親切	決斷力	獲得團隊信任	場上要發出聲音
不畏懼對手	不讓人得分的意志	嚴密快速緊逼防守	正向思考	感恩的心	檢討自己而非他人	不抱怨&碎唸	平時要多溝通	守時守規矩

其實目標就是不斷地寫下新的目標，讓目標透過視覺化的九宮格呈現，幫助你在執行上更到位。你有想要達成的目標嗎？關注自己最有價值的地方，讓九宮格目標設定幫助你執行達標，一起來玩玩看吧！

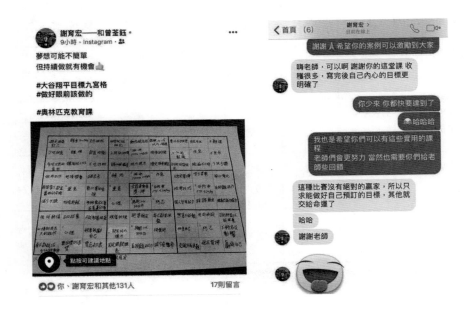

運動員選書

《做自己的生命設計師：史丹佛最夯的生涯規畫課，用「設計思考」重擬問題，打造全新生命藍圖》

　　真正的快樂，來自打造適合自己的人生。由兩位史丹佛教授寫的實作書，將課堂上的操作具體化給學生練習。他們發現有超過四分之三的人畢業後不會從事跟大學科系一樣的工作，甚至發現學生對「如何找到人生要做什麼？」這個問題沒有答案，對難以捕捉的未來感到迷茫。因此他們希望可以用設計的方法，找出長大後究竟要做什麼。透過設計、重擬、軸轉等步驟，他們相信經過妥善設計的人生，將會有獨特的面貌與可能性。設計思考可以協助每個人解決自己的生命設計問題。人生無法事先做好完美的規劃，但人生也不是只有一個解決方案。沒有標準答案的人生可以有各種設計的可能，生命是一種體驗，設計並享受那個體驗，將帶來無限樂趣。推薦給你！

原文作者：比爾‧柏內特（Bill Burnett）
　　　　　戴夫‧埃文斯（Dave Evans）
譯者：許恬寧
出版社：大塊文化

操作案例 4
突破的瞬間往往來自
先前習慣的累積

曾荃鈺

曾荃鈺

中華奧會教育委員會委員，全國廣播「空中荃運會」體育節目主持人（入圍兩屆金鐘獎），臺灣體大與北市大兼任講師，英國博贊亞洲華文心智圖法輔導師，業餘三鐵選手。

專長：口語表達、視覺圖像紀錄、心智圖法、生涯規劃、奧林匹克教育。

我們不斷重複做的事，成就了我們。因此表現卓越並不是一種行為，只是一種習慣。

—— 亞里斯多德（古希臘哲學家）

一個人的後半生，建立在他前半生所養成的習慣上。

—— 杜斯妥也夫斯基（俄國大文豪）

與自己對話

你的習慣決定了你是誰

佚名詩人曾寫道：一個人

如果想法改變，態度就會改變；

如果態度改變，行為就會改變；

如果行為改變，習慣就會改變；

如果習慣改變，人格就會改變；

如果人格改變，命運就會改變；

如果命運改變，人生就會改變。

習慣就像一把雙面刃，好的習慣可以幫助你更上一層樓，壞的習慣卻可能成為阻礙你的絆腳石。

要讓成功變得更容易，就要想辦法讓習慣成為自己的助力，因為你的習慣將會決定了你是誰。

國內外案例

習慣是微小增量的總和

　　想像你在一個冷凍庫裡，手裡正拿著一個青芒果口味的冰棒。冷凍庫現在的溫度是負 8 度，你嘴裡吐著白色的蒸氣，房間以非常緩慢的速度開始增溫，而你仍然注意著你手上的冰棒。

　　負 7 度

　　負 6 度

　　負 5 度

　　冰棒看起來一點變化都沒有。

　　負 4 度

　　負 3 度

　　負 2 度

　　一樣，什麼事情都沒有發生。

　　緊接著，來到 0 度。冰棒開始融化。

　　只差一度，表面上的溫度跟前一刻沒有什麼差別，卻產生如此巨大的變化。

　　許多突破的瞬間，往往來自先前累積的許多行為。這些行為的逐漸累積，累積到足以釋放並且產生改變，這樣的模式在生活中其實隨處可見。竹子在它生命的前 5 年幾乎是看不見，它在地底下衍生出廣大的根系，然後在六個星期內突然就能長到幾公尺高。癌症，在一個人生命 80% 的歲月裡都無法被檢測到，但往往發現後，在幾個月內就接管了整個身體。習慣的這個特性，正是複利過程的典型標誌。

　　過去在長達 110 年的時間裡，英國的職業自行車隊只有在 1908 年拿過 1 面奧運金牌，而在環法自行車賽中英國從來沒有拿過冠軍，但這件事情在 2003 年後改變了。

英國職業自行車協會僱用了一位教練叫做戴夫‧布萊爾斯福德，他與教練團隊非常在乎「微小增量的總和」這件事情，這套哲學最關鍵的就是在你做的每一件事情中，都再找出微小的可改進空間。「如果我把關於自行車的所有面向分解，讓每個面向都改善1%，全部加總起來，將會得到可觀的成長。」

關於這點，布萊爾斯福德跟他的教練團隊們確實是澈底執行。長距離的自行車運動，是由每一個踏頻週期累積來的，因此如果改善細小的0.01%，累積起來也會有可觀的成長。他們從設計自行車坐墊開始，讓騎乘更加舒適；在輪胎上塗抹酒精，增加抓地力；要求選手穿上電熱感應車褲，讓肌肉在運動中維持理想的溫度；利用生物回饋感應監控每一位選手對於不同訓練的反應；利用風動測試分析不同的布料在室外與室內，怎樣的布料最為輕盈舒服，也更符合空氣力學。

不只如此，布萊爾斯福德跟他的教練團隊們還從許多人料想不到的地方做出些微改善，包含測試不同廠牌的按摩油，看哪種能夠讓肌肉最快恢復；僱用一位醫師教導選手如何洗手跟維持清潔，降低感冒發生的機率；為選手挑選帶來最佳睡眠品質的枕頭跟床墊；將後勤補給卡車的內牆漆成白色，以便在調校精確的比賽用車時更容易察覺被看漏的塵埃。

當將數百個這類微小的改善累積起來，成果會來的比所有人料想的都還要快。

在布萊爾斯福德掌管自行車隊後的短短5年，英國自行車隊在2008年北京奧運會上稱霸公路賽與場地賽，拿下六成的金牌。4年後，靠著2012年倫敦奧運的地主優勢與氣勢，創下英國自行車界的九項奧運紀錄與七項世界紀錄。從2007年到2017年的10年間，英國的自行車選手共計拿下了178座世界冠軍，奧運跟殘奧冠軍共66面，以及五次環法賽的冠軍紀錄。

而這一切的發生，都始於最微小的細節改變，這就是習慣的威力。

微小習慣的複利效應

人們很容易高估了一個決定瞬間的重要性，也很容易低估每天都做些小改善的價值。我們每年訂下新的目標、美好的計畫藍圖，但是開始兩週後就打回原形，因為我們覺得付出了努力卻看不見立即的回報，因此就容易放棄。然而，要想造成有意義的差異，必須要維持一個好的習慣夠久，才能突破這個停滯期。在停滯期突破之前，你所做的工不是浪費了，只是被儲存起來了。就好像從零下8度加溫到0度的冰棒，那段還沒有融化的時期並不是沒有進展，而是在潛伏累積。

地球的地質板塊壓力，兩個板塊彼此摩擦數百萬年，張力不斷的累積之後，然而在某一次，它們又再摩擦一次，看起來就跟過去數萬年來的摩擦一模一樣，但這一次，張力破表，引發地震，地殼隆起，一個新的島嶼就瞬間誕生了。我說瞬間，是因為大家覺得很多改變都是戲劇性，一夕之間就成功了。但是你我心知肚明，先前別人沒有看見的一切，那些從你很久之前就在累積的事情，看起來覺得沒有什麼進展，其實才是讓你今日躍進呈現的可能。

美國職籃 NBA 歷史上最成功的球隊之一——聖安東尼奧馬刺隊，在他們的球員休息室裡，貼著社會改革家雅各・里斯的一句名言：「當一切的努力看似無用之時，我會去看石匠敲打石頭。可能敲了一百下，石頭上連一條裂縫都

" When nothing seems to help, I go and look at a stonecutter hammering away at his rock perhaps a hundred times without as much as a crack showing in it. Yet at the hundred and first blow it will split in two, and I know it was not that blow that did it -- but all that had gone before."

Jacob Riis

沒有，但就在第一百零一下，石頭應聲斷裂為兩半。然後我理解到，把石頭劈成兩半的不是最後那一下，而是先前的每一次敲擊。」因此，所有能成就的大事，都是源自微小習慣的開端。對於習慣，關鍵不是要做些什麼大事，而是要誘發你一直做下去。

經濟學上有一個名詞叫做複利效應（The Compound Effect），習慣就是自我改善的複利，無論是減重、創業、運動競賽、寫作、考試、或是想要達成任何的目標，我們都會給自己壓力，希望可以達成驚天動地的飛躍

式進展，好讓人津津樂道。但相比之下，注重這種微小1%的改善，有時候根本不會被別人注意，但長遠來看，微小改變的意義累積起來就會造成巨大的差異。

不要輕忽每個小小的決定，眼前的一小步雖然看似不重要，但只要加入「時間」因素，時間一拉長，愈往後，獲利愈是驚人，這就是複利效應。如果寫成公式來看，**「小抉擇＋持之以恆＋時間＝大不同」**。複利效應書籍作者 Darren Hardy 曾經建議大家養成「記錄」的好習慣，用量表記錄追蹤，找回動機與找出適合自己的方案，是個很實際的作法。你也可以嘗試用下面的方法，來培養新的好習慣：

1. 根據你的目標和核心價值觀，做出新選擇。
2. 透過有益的新行為，把這些選擇化為實踐（讓習慣變簡單、有吸引力，甚至得到獎賞）。
3. 重複這些有益的行為一段夠長的時間，以建立新習慣。
4. 在你的日常紀律中，建立程序與節奏。
5. 持之以恆。

找到一種適合自己、可長可久的執行方案，這樣才能夠堅定、積極、長期做下去。

今天有什麼值得期待的事情呢？

這是一個每天起床很值得問自己的問題，問問自己：你有過著有意義的生活嗎？你有做著有意義的事情嗎？你今天有什麼值得期待的事情呢？

縱使聽了這麼多，但相信很多人對於習慣或是每天跟自己對話仍然覺得嗤之以鼻吧！但其實這樣引導腦中想法的方式，就是心智意象訓練中一個非常關鍵的技術，你要怎麼樣回答都行，重點是：**你回應問題的方式，將會決定你的世界長的樣子**。我今天對自己有什麼樣的期待呢？有些人可能會想到期待完成任務、美好的願景跟目標、良好的關係；有些人可能期待是贏過競爭對手、奪回掌控權等都行。總之，你要先對自己的今天有期待，一切才有可能。

我的一位好朋友陳傑，除了跟我個性相像，兩人都愛喝咖啡、愛看書之外，大家熟知的他是臺灣頂尖的奧運田徑 400 公尺跨欄選手，而且持續突破挺進個人的成績紀錄。他曾經在一場演講中強調過：「細節，才能成就卓越」，其實跟習慣有很大的關係。

　　來自田徑世家的陳傑，其實背負著很大的成績壓力，但他不負眾望，拿下全國運動會冠軍六連霸，也是臺灣少數兩度踏上奧運殿堂的田徑選手。私下跟他聊天相處與觀察他的生活，我發現陳傑是一個非常注重個人紀律的選手，從一些很小的細節就可以看出來，例如：訓練後的收操。田徑運動選手經過一個完整的訓練課表後，做強度衝刺、訓練技術，精疲力竭、飢餓難耐，再加上到了晚餐時間，大多數的選手都是草草收操走人，趕緊去吃飯休息，但陳傑大多是收操到最後一個離開的人，甚至晚餐後休息到浴室盥洗時，還會用肥皂按摩腳跟伸展放鬆。

　　對所有人來說很痛苦的拉筋伸展，對他而言卻是習以為常，心態上的成熟幫助他理解，這些痛苦其實都是為了讓自己更好，訓練場上難以意會的訓練動作或是課表，他也趁著拉筋時回顧今天：我有沒有做到自己的期待？我對自己哪些地方滿意？哪些地方還可以更好呢？

　　如果來分析一下，陳傑將例行的工作事項（拉筋伸展、去復健是按摩放鬆），在心態上讓它變成有意義的常態性文化（或叫做儀式化），將收操放鬆與回顧自己的訓練兩件事情連結在一起，就增加執行這件事情的動機。在他拉伸完後再去用餐，滿足自己飢餓的身體，算是給自己回顧後的犒賞，讓這個行為變得愉快且讓人值得期待。而因為身處在國家級訓練中心（左訓中心），因此在環境上本身就是以訓練為主體，因此幫他過濾掉了許多訓練以外的干擾因素，把環境準備好，他的好習慣也更容易執行。

　　另外在心態上，陳傑很容易把身邊的東西都當作是學習，好事、壞事反正都是他的老師，別人做的不好或是影響到自己，就當成借鏡；看到別人比自己更優秀，思考自己的定位後，學習對方的優點，修正自己的缺點。聽起來很簡單，但陳傑已經把這樣的思維方式養成了習慣。

在習慣中，習慣其實是透過經驗獲得的心理捷徑，從某個角度來說，習慣只是你對於過去解決問題步驟的記憶，只要操作上手之後，未來如果條件對了（例如：同樣的環境下、在訓練後伸展時），大腦就會自動追溯套用這份記憶（開始回顧自己今天的訓練狀態），自動採用相同的解決之道（知道拉筋很辛苦，但是等等就要吃飯了，可以犒賞自己），幫助你節省注意力的成本，讓習慣可以持續延續下去。

操作練習

如何維持簡單且持續的好習慣？

　　人類其實是遵循著最小努力原則的生物。簡單說，就是愛偷懶，然後渴望找出一個方便、快速的方法把事情做完，而這樣的「人性」其實是可以善加利用的。儲存能量是很珍貴的，因此人類的大腦在設定上就是盡可能的節省能量，所以人類的天性就是遵循著「最小努力原則」：當要在兩個類似選項中抉擇時，人自然傾向選擇花費最少力氣的那個。也就是說，我們的動機就是做容易的事，在所有可能採取的行動中，花費最少努力產出最大價值的那個才會被實踐。

四個改變習慣的原則

　　想要多運動？提前準備好運動服、運動鞋、運動包及水瓶。想要讓飲食更健康？利用週末切好大量蔬菜、水果，放進容器裡。這樣一來，你在週間就能輕易取得隨時可供食用的健康食物。這些簡單的方法，能讓我們把好習慣放在阻力最小的路上。

　　因此想要改變習慣的原則，就建構在提升我們想要去做的動機這件事情上。每個行動都需要某種分量的能量，所需的能量愈多，發生的可能性愈低。如果你的目標是一天做一百下伏地挺身，那可是很大的能量！可能一開始你受到激勵、感到亢奮，也許可以開始個一兩天。但一週過後，如此巨大的能量耗費讓人感覺疲憊。相較之下，維持一天做一下伏地挺身的習慣幾乎不費吹灰之力，而一項習慣所需的能量愈少，養成的可能性愈高。

　　除了建立動機，習慣的建立方式也可以是清除掉達成目標之前的障礙。節食是得到好身材之前的障礙，靜心是感覺平靜之前的障礙，寫日記是思緒清晰之前的障礙。你真正想要的並非習慣本身，而是習慣帶來的結果。障礙愈大則習慣的難度愈高，所以讓習慣簡單到就算沒有意願也會執行就非常的重要。若能讓好習慣更加方便，你就更有可能貫徹。

　　世界知名的習慣養成專家，同時服務過 NFL、NBA、MLB 職業球團的詹姆斯・克利爾（James Clear）提出了四點建立好習慣的建議，分別是：

1. 讓好習慣的提示顯而易見

   例如：設計讓自己處在好習慣的環境中，像是陳傑就在訓練中心，因此容易專心訓練；處在都是外國人的地方，就容易開口說外語；同每天在枕頭上放一本書就容易拿起來看，是一樣的道理。

2. 讓好習慣變得有吸引力

   例如：創造一種儀式，把想要做的行為視為一種常態文化，將「想要」的行為與「需要」的行為配對在一起。例如：只要進廁所盥洗前（需要的行為）就做五下伏地挺身（想要增加運動的好習慣）；一看到電梯時（需要的行為）就改成走樓梯（想要增加運動的好習慣）。這種把兩個習慣綁在一起的方式，比較容易讓自己持續做下去。

3. 讓好習慣的行動輕而易舉

   習慣的養成是取決於頻率而非時間。跟前面兩點的原則相同，建立環境與儀式化都可以讓好習慣執行時變得更輕鬆、更容易去執行而養成習慣。擁有愈多的成功經驗，愈容易讓習慣更易執行，因此把環境準備好，習慣也跟著準備妥當，控制環境是養成習慣的最關鍵因素。例如：想要飲食更健康，可以有空時就備妥一週的生菜、水果，並且分裝成七份（一週的分量），各別用保鮮盒盛裝。這樣一想到要用時，馬上就有新鮮蔬果可以食用，自然就會有健康的飲食。

4. 讓好習慣的獎賞令人滿足

   人是感覺的生物，因此任何的獎賞，都必須要清楚明顯且立即有感覺，甚至能夠進一步的強化自己的身分認同，這樣的習慣才容易維持。而最有效的獎賞就是自己的進步。你可以透過在日曆上打勾，或是在代辦事項上劃掉一筆，這樣的紀錄跟追蹤都會幫助你專注在當下，焦點是容易看到你進步的過程而非遙遠的結果，比較容易有動力持續去做。當然，一切都會有意外，當意外發生時或是因為生病、比賽、出差而錯過了預定的習慣時，不要焦慮的指責自己，只要提醒自己守住一個最簡單的原則：不要錯過兩次。沒有人是完美的，但我們須避免兩次過錯，提醒自己複利法則的原則，就算狀態再差也要念英文、也要去健身，因為狀態差的日子其實是你狀態好時日子累積下來的複利；狀態不好的你也許不

能夠幫你改善體能，但卻可以強化你的身分認同。所以，不要繳交白卷，中斷了你的複利累積。最後你會發現，重點都不在於健身時發生的事，而是你成為了不會錯過健身的那種人。

最後說一個跟複利法則有關的故事：有一座荷花池，每天的荷花會以倍數成長，第二天兩朵、第三天四朵、第四天八朵……如果長到第三十天剛好長滿整座荷花池。那麼長到一半的時候是第幾天呢？不是第十五天。答案是第二十九天，也就是說前一天晚上，這座荷花池的荷花才長滿一半而已。

我們常常聽到「一分一耕耘、一分收穫」這句話，其實談的是結果，但是過程中絕對是複利法則的運作，所以才有「為山九仞，功虧一簣」的慘事發生。因為如果你知道只差一步，沒有人會在差一步時放棄的。我們放棄，常常是因為看不到終點在哪裡。但其實你距離終點，原來只差一天，但成果，卻只有一半而已；如果你在第二十九天時就放棄，其實你是不會難過，甚至還會有解脫的感覺，為什麼呢？因為你永遠都不知道你只距離終點剩下這麼一點點，因為你只看到那一半的荷花。

所以這也是我給自己的人生哲學，當我開始做一件新的事情，或是剛走到一半時，我會告訴自己，一半其實就是關鍵。因為，只有我走到一半，才有資格談堅持或放棄；而如果你知道複利法則，又知道自己已經走到一半，那麼你還會放棄嗎？

習慣的改變是一個連續的過程，它沒有終點線，沒有永遠必勝的解決之道。但每當你想要改善時，都可以運用一些原則提醒自己，幫助你改善瓶頸，度過一個又一個的難關。

要讓成果可以永續的祕密，其實就是永不停止的追求進步與改善。

只要不停止進步，就能打造非凡。

運動員選書

《與成功有約：高效能人士的七個習慣》

習慣的改變是漸進的，那麼知道什麼是值得去學習的好習慣就顯得更重要了。「砍伐魔鬼的枝葉千斧，不如一斧劈向它的根基。」生活中要達到改頭換面的進展，就得放下砍伐行為態度這種枝微末節的工夫，直接從根基下手，也就是決定行為態度的思維典範。只有改變了觀念，思想才容易改變。作者史蒂芬‧柯維在書中分享七個高效人士的關鍵習慣與提問，用這七個習慣幫助你朝更好的人生方向前進，這七個習慣分別是：

1. 主動積極 —— 擴大影響力
2. 以終為始 —— 釐清人生定位
3. 要事第一 —— 找到目標與方法
4. 雙贏思維 —— 創造最大價值
5. 知彼解己 —— 維繫人際和諧
6. 統合綜效 —— 化解衝突、找到出路
7. 不斷更新 —— 改變自己與他人的人生

推薦給你！

原文作者：史蒂芬‧柯維（Stephen R. Covey）

譯者：顧淑馨

出版社：天下文化

操作案例 5
跨領域學習讓你得自由

曾荃鈺

曾荃鈺

中華奧會教育委員會委員，全國廣播「空中荃運會」體育節目主持人（入圍兩屆金鐘獎），臺灣體大與北市大兼任講師，英國博贊亞洲華文心智圖法輔導師，業餘三鐵選手。

專長：口語表達、視覺圖像紀錄、心智圖法、生涯規劃、奧林匹克教育。

「檢驗一流智力的標準，就是看你能不能在頭腦中同時存在兩種相反的想法，還維持正常行事的能力。」

—— 費茲傑羅（F. Scott Fitzgerald），《大亨小傳》作者

未來世界是個複雜且難以預測的存在，未來將沒有所謂的共同知識，關鍵在於你如何去界定問題。每個人都有自己看世界的獨特性，而什麼是真實、什麼是因果，已經難以清楚知道了。

—— 李佳達（大歷史教育家）

與自己對話

追夢，不會成真的夢，

忍受，不能承受的痛，

挑戰，不可戰勝的敵手，

跋涉，無人敢行的路。

改變，不容撼動的錯，

仰慕，純真高潔的心，

遠征，不懼傷痛與疲憊，

去摘，遙不可及的星。

敢以此生，追索那顆星，

管它征途遙遠，道路多險峻。

為正義而戰，何須躊躇不定，

哪怕燒灼在地獄火中，也自闊步前行！

我若能，為這光輝使命，窮盡一生追尋，

多年後，待到長眠時分，我心亦能安寧。

而人間，定會不同往昔，

縱然我，終將疲憊無力，

仍要用傷痕累累的雙手，

去摘，遙不可及的星！

華語原創音樂歌舞劇《我‧唐吉柯德》

國內外案例

剖析一代武打巨星李小龍的養成關鍵

　　李小龍是第一位在國際舞臺上屹立的華人巨星，更是一位功夫高手。李小龍對於武術界的影響，絕對不僅僅是泰森這種一代拳王對拳壇的影響，他還是一位開創者，是武術思想家。*TIMES* 雜誌評選他爲二十世紀百大偉人。日本武術界更是尊稱他爲「武之聖者」。

　　但是像李小龍這樣的一位功夫巨星，剛落地美國的時候年僅 19 歲，練過幾年詠春拳，但也不是最傑出的。他在 24 歲時受邀當嘉賓出席加州長堤國際空手道錦標賽，在唐人街打敗其他中國武術高手時，儼然有一代高手風範，其間只經歷了短短 5 年。

　　是什麼原因，讓他在短短 5 年的時間內，在武術思想和武打造詣上有那麼快進步？是天賦如此？還是鴨子划水？如果理解他的習武路徑，我們有沒有機會快速進步成爲高手呢？

　　蒐集資料與研究下來，許多人認爲，李小龍很可能是華人武術界第一位跨領域學習者。

　　當時的武術界，分門派，自成一家，彼此再各留一手，文化相對封閉。當一個習武之人拜入某個流派之下，一日爲師、終身爲父，未經允許，若去學習別家的功夫，那就是欺師滅祖，更別說公開傳授了。

　　但是李小龍沒有這種門派之見，大二時他租了一個停車場就開始教授詠春拳，這不僅吸引了大量的功夫高手前來，而他最早收的兩名學生，一個練習柔道，一個練習空手道。李小龍不僅教授功夫，還教授在學校課堂上剛學到的哲學和心理學，搭建起自己的武術哲學體系。

　　整合了傳統中國武術和西方哲學心理學的這套功夫後，李小龍將其命名爲截拳道。截拳道是開放的，宗旨是「以無法爲有法，以無極爲有極」，沒有門派之別。他經常從弟子那裡學習他們的武術，迅速整合入截拳道又分享給更多弟子。

　　我們可以看出，從學習到理解到分享，這個非常快速的小循環中，他

自己的功夫逐漸集大成。如同物理學家萬維鋼先生曾從科學角度點評道：「只有在競爭不充分的領域，才有流派。」

李小龍就是一個無門無派的人。電影《精武門》裡酷炫的雙節棍，是他從美籍菲律賓武術家伊諾山度那裡學的；《龍爭虎鬥》裡標誌性的高踢腿，是他從跆拳道高手李峻九那裡學到的，他也分享給對方隱祕出拳的祕訣。他的體格趨近完美，那是用西方健身系統科學化訓練的功勞；他的步法靈動，很大程度上是借鑑美國拳王穆罕默德・阿里的蝴蝶步。

面對複雜的未來，你需要跳脫框架的跨界才能

難道你不曾好奇？天上千萬隻排成人字隊伍的候鳥，可以在一瞬間整齊地轉換方向；深海中成千上萬的沙丁魚群，能夠以一個整體破浪前行，甚至遇到鯊魚阻擋還能繞過前進；小小蜜蜂可以透過合作、溝通，蓋起比自己體積大上千倍的蜂巢……。

他們的智慧從哪裡來的？大自然中從個體到群體，在沒有中心或領導者的帶領下，卻能夠互相連接，各司其職，湧現出一加一大於二的集體智慧。更讓我好奇的是，為什麼群體可以發揮出比個體更強的能力呢？

看看人類歷史，史上三次最著名的知識大爆炸，都是跨領域學習的成果。

第一次是發生在春秋戰國時代的百家爭鳴。中國哲學思想大爆發的時代春秋戰國——逍遙的老莊、儒雅的孔孟、兼愛的墨子、政治韓非子——道家、儒家、墨家、法家、名家人才輩出。想一想，為什麼知識在春秋戰國時期會爆發這樣大面積的百花齊放？這其實與當時諸侯大量「養士」有很大的關係。

「士」就是各領域的技術高手，當時周朝已經開始分崩離析，封建社會的雛形出現，各諸侯為了自保，流行起「養士」；就是把專業技術人員匯聚在一起，我供你吃穿，你不用困於工作，我又可以自成一家，大家坐在一起腦力激盪，討論亂世之下如何治國的妙方，這一討論不得了，就引發了百家爭鳴。

第二次知識爆炸發生在西方文化的濫觴古希臘，去過地中海氣候區的人就知道，雅典氣候宜人、物產豐富，大部分的人不需要整天辛苦工作，種子一丟就會自己長出樹來，可得溫飽，然後用一整個下午討論各種問題。像是有名的哲學家蘇格拉底就經常搞個大毯子，白天當衣服，晚上當墊子；這意味著大家是有閒情逸致，可以談談人生、觀觀星象，希臘文明就這樣誕生了。再加上雅典在地理位置上是地中海航線的交接地，因此當地人經常能夠接觸到來自各國不同地區、民族的商船，也帶來了商品、文化跟風俗習慣。

第三次知識爆炸發生在中世紀後的文藝復興，當知識、商業等發展在義大利大肆的復甦，商人們在買賣之餘也帶著各自的觀點聚集討論，讓這裡成為智慧的轉運樞紐。商業活動帶來巨大的財富，也讓藝術家們有機會創造大型公共藝術和私人典藏藝術品，人們開始追求精神、審美跟藝術。文藝復興和一個義大利銀行世家美第奇家族很有關係，這個家族出資幫助在各學科、眾多領域裡有創意的人聚集交流（有點像是現在的商務活動會議），時常舉辦聚會、討論餐會，探討藝術問題，也探討人生的價值，像是古代奧林匹克運動會的遺址挖掘也都是在這個時期展開跟發現的。

這三次人類的知識爆炸，都有顯而易見的共同點，他們都是多元、跨界、跨領域、彼此連線交流，在許多問題的碰撞之中，在知識的交會之處，累積足夠的能量後，形成知識的躍升，因此創造出大師輩出的年代。原來，知識的變革從來就不是由帝王將相或是大神、天才來決定的，而是我們每一個人互相連結的結果。你我看似個體渺小，卻又是如此的身在其中，不可或缺。

世界是一個整體

十三世紀的伊斯蘭神祕主義詩人魯米，曾寫過這樣的詩句：

「我們是鏡子，也是鏡中的容顏。

我們是苦痛，也是苦痛的救星。

我們是甜蜜、清涼的水，也是潑水的罐子。」

我們的每個當下，都是乘載著過去複雜世界互動連結的總和，同時在準備著下一個湧現時刻的蛻變。

所以，問問自己，是什麼劃定了我們自身的邊界？

我好奇想要問這個世界什麼問題？

我對於自己在歷史中的定位又是什麼？

當我將看待世界的眼光，從自己的身上轉移到更大的宇宙整體，甚至跨領域貫穿時；當我看世界的角度不同，整個世界也就變得不一樣了。

思考把舊知識賦予新意義，讓學習者得到有趣的啟發

今天的網路世界，擁有和春秋戰國、希臘文明、文藝復興時期一模一樣的條件；訊息多元且唾手可得，互動頻繁且與不同學科交流，同時也面臨各種層出不窮複雜的大問題。在這個世代，知識的源頭不會在某個教授的大腦或是某一本教科書裡，這世代的知識是在大腦和大腦的碰撞中、在問題和知識的交會處、在高手跟高手的實戰之中產生。

梁澤敬（小梁），臺灣連續蟬聯10年短跑的紀錄保持人（100、200公尺與400公尺接力），但更特別的是，他除了是臺灣頂尖的運動員之外，讀書也沒有放棄。一路從事運動科學念到了博士班，專攻跑姿與動作分析研究，同時也是田徑協會在國際田徑研討會上的指定翻譯，現在又多了一個身分是頂尖運動選手的經紀人。這樣的一位「斜槓青年」，在他腦海中對自己的學習規劃是怎麼安排？他又是怎麼走到這條路的呢？

幾次跟他搭配演講發現，澤敬是一個非常懂得跨領域學習的人，最明顯的特質就在於心態的開放與好奇。澤敬從小第一個接觸的運動不是田徑，是舞蹈；在媽媽的耳濡目染下，從小就打下了穩固的古典舞蹈與步態基礎。在接觸到田徑運動後，他的國小、國中時期就變成白天上課、下午訓練、晚上還要補習的節奏。「我每天下午累得氣喘吁吁，媽媽來接我時就只能趴在媽媽的背上，一直喘、一直喘，喘到家裡就躺在沙發上，媽媽會看看我的狀況，幫我準備一點吃的，然後還是要去補習。」小梁說的輕

鬆好笑，但是看在我眼中，相當敬佩這樣完美精神希望可以把所有事情做到最好的人。

2005 年，小梁在全中運上，200 公尺跟 100 公尺雙破大會紀錄；教練們漸漸發現：「感覺小梁跑步的動作協調性真好」。這其實是受到舞蹈訓練基礎影響，在高速動作下，依然可以維持身體協調延展、不晃動。學校老師們也說：「小梁是少數課業跟運動比賽都兼顧的選手，每天早上他會先請同學幫他，把昨天下午沒有上到的課程或是作業補上。」

教練跟老師見證了小梁的成長不是偶然，當所有的選手都認為自己練習很辛苦因此「可以」不用太在意課業、因為時間被訓練卡住所以「應該」考比較簡單的考卷時，這其實是把自己的格局與定位縮小了。小梁的思考沒有受限，他不認為自己只能夠當比賽的運動員，更可以當一個會讀書的運動員，這是他對自己的定位。

我從旁邊觀察小梁，覺得他真的是一位沉默的王者，就像是每個優秀的人，都有一段沉默的時間。那段時間，是付出了很多努力卻得不到結果的日子，小梁把它叫做扎根，他說：「沒有失敗過，就是還沒有成功。」扎根對他而言，其實就是成長的關鍵，小梁從來不會拿著過去的自己洋洋得意，而是更沉默，思考累積更大的可能性。一次偶然的國際研討會上，因為大會邀請的英翻中翻譯人員對於許多的田徑運動術語不甚了解，因此他臨危受命上臺協助翻譯，意外得到大家的肯定，也因此陸續於 2017 年世大運田徑技術代表祕書協助翻譯工作，提高他看世界的角度。

現在小梁是北京體育大學的博士研究生，擔任過國訓中心教練、臺體大的教練、運動科學專欄文章編輯，並且深入基層與教練、選手溝通科學化評估方法。田徑運動幫小梁開啟了一扇窗，但是窗外的繁花似錦，他知道要靠自己的雙手去勇敢爭取。小梁常說：「要勇敢跨出自己的舒適圈，因為你夢寐以求的東西正在等待著你。」好日子都是從苦日子熬出來的，是平日含淚忍耐與咬牙堅持換來的必然結果。如果你看不到好日子，只能說明熬的還不夠，堅持住了，成功就在前面等著你。

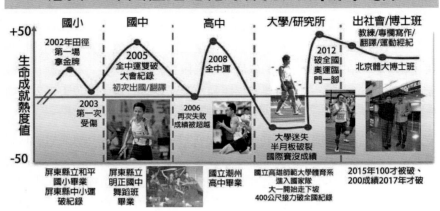

懸掛10年田徑短跑紀錄保持人-梁澤敬

生命成就熱度值

| 國小 | 國中 | 高中 | 大學/研究所 | 出社會/博士班 |

+50

2002年田徑
第一場
拿金牌

2005
全中運雙破
大會紀錄
初次出國/翻譯

2008
全中運

2012
破全國
奧運臨
門一腳

教練/專欄寫作/
翻譯/運動經紀

北京體大博士班

2003
第一次
受傷

2006
再次失敗
成績被超越

大學迷失
半月板破裂
國際賽沒成績

-50

屏東縣立和平
國小畢業
屏東縣中小運
破紀錄

屏東縣立
明正國中
舞蹈班
畢業

國立潮州
高中畢業

國立高雄師範大學體育系
進入國家隊
大一開始走下坡
400公尺接力破全國紀錄

2015年100才被破、
200成績2017年才破

操作練習

善用 GROW 模式，讓自己自覺成長的責任

　　約翰‧惠特默（John Whitmore）爵士是英國體育俱樂部創辦人，俱樂部中有不同的運動項目，每個項目各有淡旺季，因此對於俱樂部的教練安排與管理格外的不容易。有一次，約翰‧惠特默拜託一位滑雪教練，為臨時請假的網球教練代一堂課。「不要鬧了，我根本不會打網球呀！」、「沒關係，老師也是臨時請假，你幫我去看著他們，讓他們照著平時的方式多練習。」

　　於是教練走到網球場跟小選手們打招呼。

　　「早安，我是今天的代課教練，你今天覺得自己的身體狀況如何？」

　　「教練，我覺得今天身體很不錯！」小選手抬頭回答。

　　「太好了，你先暖一下身子，等一下我們就開始練習。」

　　片刻暖身後，教練走過去問。

　　「你現在覺得怎麼樣？」

　　「教練，我覺得我的反手揮拍還是不太順暢。」

　　「你覺得反手揮拍不太順暢是嗎？你覺得可能是什麼樣的原因？」

　　「教練，我覺得可能是我的腳步踏的太開，還有擊球的點太低。」

　　「那你要不要照你剛剛所說的，試著修正看看呢？」

　　片刻練習後，教練走過來問。

　　「現在，你覺得如何？」

　　「我覺得好多了，但是反手拍回擊後的球，我覺得無法控制好它的方向。」

　　「很好，你發現自己有可以修正的地方，那你覺得可能是什麼樣的原因呢？」

　　「我覺得可能跟我擊球的時間點有關。」

「那你要不要照你剛剛所說的，試著修正看看呢？」

「好的教練，我來試試看。」

　　神奇的是，後來由這位滑雪教練帶的青少年網球選手，竟然拿下地區性的網球賽冠軍，並且成績比網球教練帶的選手成績更好。你會不會好奇，為什麼不會打網球的人反而可以教出更好的選手呢？大家可以想像一下，如果你整天被人盯著看，被別人說你不該這樣、不該那樣，你覺得打球還有意思嗎？相反的，如果你打球時都需要自己想，這個動作應該怎麼做，我應該怎麼調整，這時候打球的責任又落在誰的身上呢？當滑雪教練在給網球選手指導時，往往可以更加快速地提高選手的水準。因為他並不會打網球，所以並沒有任何指導和介入。相反地，他會詢問選手的感覺，讓選手自己體會自己的現狀，然後做出調整。滑雪教練的詢問進一步幫助網球選手找到了自我的狀態，並且自己去承擔成長的責任。

　　GROW 教練模式是站在相信人能夠自我修正並且發揮潛能的，我們如果不相信人有潛能，只關注他過去做過什麼或是過去的表現，將會很難幫助他。因此，GROW 模式（Goals 目標、Reality 現狀、Option 選擇、Will 意願）從四個面向提出幫助自我成長的問題，也讓選手可以自己問自己，要的目標是什麼？我現在的狀況如何呢？面對問題還有哪些解決方案？我有多想要解決這些問題呢？

　　我喜歡 GROW 模式，因為它讓人可以自己思考本身還有哪些可能性？我簡單條列一些相關的問題，供你用 10-15 分鐘的時間，問問自己，或是找個朋友互相提問討論，希望可以真的幫助你釐清問題。

Goals 目標	• 你要實現什麼目標？ • 你希望看到的結果是什麼？ • 你的目標具體來說是什麼？ • 有指標能具體量化嗎？ • 達成這目標對你來說意味著什麼？ • 打算何時實現？ • 你能設想的最佳狀態是什麼？
Reality 現狀	• 你的現狀是什麼？ • 這是何時發生的？發生頻率爲何？ • 退一步想，可能潛在的問題原因是什麼？ • 你過去做過哪些努力？效果如何？ • 哪些人與你的目標相關？ • 你是如何得知這些事實的？（確認判斷眞僞）
Option 選擇	• 你有哪些選擇？如果要找出三個可行的選擇會是什麼？ • 用哪些方法可以解決此問題？ • 在類似或相同的情況下，你有聽過或見過別人用什麼辦法來解決此問題？ • 還有其他的辦法嗎？
Will 意願	• 你打算怎麼做？下一步的行動是什麼？ • 何時是下一步行動最好的時機？ • 哪些部分會給你力量？你還需要誰的幫助支持？ • 還有哪些資源是必須的？ • 從 1 到 10 分，你想執行的意願有多高？

　　約翰・惠特默爵士對於提問問題，有很深刻的反思：「由內心，而非由專家所產生的高素質與相關的回饋，對人的工作、運動及生命各方面的持續進步，都極爲重要。」無獨有偶，美國電視脫口秀主持人與製作人歐普拉（Oprah Gail Winfrey）也說過：「你若希望自己的人生能帶給你更多的報償，就必須改變你的思考與提問問題的方式。」你生命的品質其實是取決於你提問問題的方式，透過深刻的問自己問題，覺得自己在哪些方面做得特別好？哪些方面需要改善？若下次遇到類似狀況，我可以採取哪些不同作法？

　　近代奧運會的創辦人古伯坦爵士在生前提起，卻經常被後世遺忘的座右銘：see afar （看遠）、speak frankly （明辨）、act firmly（篤行）！其實強調的也是奧林匹克的格局，在我們追求更好、更卓越的同時，開放、充滿好奇、跟外界產生連結，才是成爲頂尖高手的關鍵。

運動員選書

《高績效教練：有效帶人、激發潛力的教練原理與實務》

約翰·惠特默爵士與績效顧問公司說明創造高績效的要素，並揭開教練實務的操作步驟。以GROW模式（Goals, Reality, Option, Will）為基礎，強調教練就是解放人們的潛能，使他們做出極致表現。是幫助他們學習，而非教導他們。假如教練能夠幫助球員將他內心的障礙消除掉或減少，他的學習與表現能力便會油然而生，並不需要教練太多技術上的指導。因為往往你自己腦袋裡所描繪的對手，比球網對面的那個人，還要更難對付。

原文作者：約翰·惠特默爵士（Sir John Whitmore）

譯者：李靈芝

出版社：經濟新潮社

操作案例 6
我永遠可以選擇

曾荃鈺

曾荃鈺

中華奧會教育委員會委員，全國廣播「空中荃運會」體育節目主持人（入圍兩屆金鐘獎），臺灣體大與北市大兼任講師，英國博贊亞洲華文心智圖法輔導師，業餘三鐵選手。

專長：口語表達、視覺圖像紀錄、心智圖法、生涯規劃、奧林匹克教育。

一切美好的事物都是曲折地接近自己的目標，一切的筆直都是騙人的。

——尼采

與自己對話

　　林中有兩條路，我選擇了人跡罕至的那條，使我的人生從此截然不同。

——美國詩人佛洛斯特（Robert Frost）《未擇之路》

　　佛洛斯特面對兩條路的兩難選擇，無論是哪個選擇，都將對未來造成深遠的影響。選擇具有連鎖性的反應，在人生中，我們時時面臨選擇，清醒時的每一刻所面臨的小選擇，加總起來對我們的影響程度，毫不遜色於那些「重大決定」的影響程度。用電腦時我可以選擇坐得挺直或是彎腰駝背；跟伴侶說話時我可以選擇說親切的話，或是擺臭臉給對方看。我們常常忘記，自己隨時隨地都站在岔路上，因此無法善加利用每一個小選擇。福特汽車創辦人福特（Henry Ford）曾說：「不管你認為自己做得到，還是做不到，你都是對的。」而選擇也是一樣，不管你認為可以有所選擇，或是別無選擇，你都是對的。

　　生命這條路上，不是你做出選擇，就是你被迫做出選擇，而時間將是最公平的裁決者。

國內外案例

生涯的路是試出來的

要學會知道自己「有選擇」，其實是一段很漫長的「找路」修練。

找路是一項古老的技能，古人說的「投石問路」，怎麼可能真的去問不會說話的石頭，路怎麼走呢？在不清楚目的地的前提下，找出自己要往哪走，靠的可以是堆石頭、定方位、運用羅盤、星象判別方向；但尋找人生的道路，不但沒有「明確單一」的目的地，也無法用 GPS 搜尋，只能東試西試，左拐右彎的抵達終點，靠的就是手中有限的線索與工具不斷推進。

聊聊最近很火紅的一個名詞叫做「斜槓」，我覺得這個詞彙的出現其實很有時代上的意義。現代人對生涯愈來愈迷茫，害怕選擇、不會選擇，乾脆通通都要結合在一起好了，但這就是所謂的「斜槓」嗎？斜槓嚴格說起來並不算是一個全新概念，早在 1996 年，美國學者阿蒂爾和盧梭就提出「無邊界職涯」說法，強調以提升個人能力，替代長期僱傭保證，使員工能夠跨足不同組職，體現無邊界職涯。

後來，《紐約時報》專欄作家瑪希‧艾波赫在她的著作裡提到「斜槓青年」這個新名詞，因為她發現身邊不乏有人會用「斜槓」（slash）來介紹自己。比如一位電視臺記者介紹自己是「某某臺記者／運動經紀人」，或是有一位心理諮商師介紹自己是「心理諮商師／小提琴工匠」等。而在臺灣，早已有不少人在斜槓這個名詞出現前就已經過著「斜槓人生」，像侯文詠是「醫師／大學副教授／作家」、吳淡如是「作家／節目主持人／民宿老闆」。斜槓其實就是開展多元職涯，擁有多重收入，追求無邊界人生，過自己想要生活的展現。

科技的進步、網路普及與人工智慧 AI 的興起，更點燃人們的生存意識。我們會更常問自己：怎麼樣才能不被機器取代？而斜槓彷彿變成一個增加收入、時間彈性自由的生涯選擇，甚至有人以成為斜槓為目標，瘋狂上課學習、累積網路影片，甚至不惜無下限的在網路上公開各種言論或觀點求人氣。到底斜槓是不是現代社會的一種職涯選擇呢？擁有更多元的職涯等於解決了工作選擇困擾的問題了嗎？

我其實很擔心大家誤解，以為斜槓青年就是鼓勵多兼職、發展多元的能力或興趣。我自己的工作同時包含「企業講師／視覺圖像繪圖師／廣播節目主持人」，很多人也稱我為斜槓，但其實我從來不這樣稱呼自己或是以成為斜槓當目標。當我們看到有人可以身兼數職的時候，反而更應該清楚一件事，他一定有很強的核心能力在身上。以我自己為例，我覺得是「翻譯」能力，就是將兩個不同領域的東西，用廣播節目（口語）或視覺語言（圖像）呈現給不同群眾的能力，也因為我很喜歡接觸不同領域的東西，這件事情就自然而然成為我的優勢。換句話說，你只要有一項核心技能出類拔萃，自然而然就能夠移動跨領域，成為斜槓也只是時間早晚的事。而每一項能力培養到極致的時候，自然的就會觸類旁通，所以才會有唱而優則演，演而優則導。

　　要成為多元、多工的斜槓，其實更應該專注發展自己的核心能力。想想自己是否有將自己的知識與興趣經營成可長可久的事業，並且具有轉換成金錢的能力呢？在這個網路時代，千萬別忘了，成功的關鍵是在於連結；而連結不是單純的建立人脈、或是參與活動，你還必須要能掌握四個關鍵：

1. 創造趨勢：不是發現趨勢，而是創造趨勢。要創造趨勢，就要大膽的做出預言，然後開始找到認同你的人產生連結。馬雲就是個中翹楚，還有日本的大前研一與現在中國火紅的邏輯思維知識學習平臺，他們都在引領潮流，只是他們會告訴你說這是趨勢。所以問問自己：你有走在趨勢上嗎？

2. 管理改變：面對改變，你的心態是什麼？接受改變那只是一種順應，而管理改變才是一種處理。所以成功的斜槓典範劉軒曾說：「要像他一樣能在不同的領域工作，還能取得好的成績，關鍵還是在『自律』。」所謂的自律，就是管理改變的過程。堅持改變、不斷改變、持續改變，是很不簡單的。所以問問自己：你有不畏艱難，堅持改變的勇氣嗎？

3. 價值交換：斜槓並不是要你兼職做很多事，而是要你妥善的運用價

值交換，透過價值交換的過程中，建立了連結。這裡的交換並不是用迴紋針換一間房子的概念，而是透過彼此貢獻自我的價值，產生合作的關係，創造出巨大的利益。所以問問自己：你有哪些價值可以與人合作？

4. 發展故事：成功的斜槓，絕對是有故事的人，這也是斜槓青年的核心價值，不是多工而是多元。多工的目的是為了要創造更精采的人生，最後你會發現，所有的付出都是為了讓自己擁有一個值得擁有的生命，而這樣的生命，絕對值得被分享、被述說。所以問問自己：你有故事嗎？

要能做出選擇，你需要的不是能力，而是打破自己的能力

10 年前，當我開始一腳踏進臺體大時遇到一個難題，即自我內外有很大的落差！這種落差就好像是我被保送到第一學府，但其實我是因為加分上去的，看到班上都是學霸的那種內與外不一致的落差。

體育大學對運動員來說是再合理不過的升學路徑，但很多人會問我：「荃鈺你念的是普通高中，可以選擇的領域這麼多，為什麼選擇體育？」這個問題的背後其實隱藏了另一個訊息就是：「你現在選上了以後，看你要怎麼辦？」我甚至還有一個阿姨處處愛跟人比較小孩的成績，聽到我從一般高中轉念體育，悠悠的吐了一句說：「身體健康也不錯啦！」讓我更想證明，在任何地方都可以被人看得起。

關於選擇，其實從來沒有人教過我，我只是不斷地被問很多的問題。於是，我也不斷問我自己，這才發現，**重要的其實不是發生什麼事，而是你如何回應這件事**。重要的不是我讀了一個我不喜歡或不適合的科系，而是我讀了一個我不喜歡的科系之後該怎麼辦？重要的不是告白被拒絕後該怎麼辦，而是告白被拒絕後，我的下一步該如何回應呢？

有一個很有趣的實驗，可以說明選擇這件事情。在美國史丹福大學商學院的一堂創新創業課堂上，教授 Tina Seelig 做了這樣一個小測試。她把全班分成十四個小組，每組各有一個 5 美元的信封當作啟動基金。當他們一打開信封，就代表任務啟動。每個隊伍需要在 2 個小時之內，運用

這 5 美元賺到盡可能多的錢。除了要將過程與成果整理外，還要在下週用 3 分鐘的時間在全班同學面前展示各組的執行狀況。爲了完成這項任務，同學們必須最大化地利用他們所擁有的資源，也就是手上的這 5 美元。

如果你是小組長，你會如何運用這項資源，完成這項挑戰呢？

當教授在課堂上第一次向同學們提出這個問題時，有人說：「拿這 5 美元去拉斯維加斯賭一把！」、「拿這 5 美元去買彩票！」這樣做並不是不可行的，但是他們必須承擔極大的風險，也幾乎是不可能完成的。另外，有幾個比較普遍的答案，像是先用初始基金 5 美元去買材料，然後幫別人洗車或者開個檸檬汁攤位。這些點子確實不錯，賺小錢是沒問題，但要如何能夠最有效的應用手上的資源呢？

你心中一定很納悶：「眞的可能有更好的點子嗎？」

先說結果，眞的有幾個組別想到一些打破常規的好點子。他們認眞地對待這個挑戰，考慮不同的可能性，創造盡可能多的價值。甚至在一週內就賺到啓動基金 100 倍以上的收入，他們是怎麼做到的呢？答案其實可能比你想像的更簡單。

關鍵在於，不被這 5 美元給限制住

有一個組別是這樣做的，他讓全組組員先向一間知名餐館提前預定了週末用餐時間的座位，在週六接近的時候，將每個座位以最高 20 美元的價格，出售給那些不想等待的顧客。還有個組別，他們在學生出入多的校園內，透過學生會擺了一個小攤位，幫忙經過的同學們測量他們的自行車輪胎胎壓。如果胎壓不足的話，可以花 1 美元在他們的攤位充氣。而且在充氣之後向同學們請求一些捐款。就這樣，收入一下子就驟升了！他們都是透過觀察客戶反饋，然後優化他們的方案，因此讓收入可以大幅度的提升。

但最讓人驚訝的是這個小組，他們在評估後認爲，最寶貴的資源既不是 5 美元，也不是 2 個小時的賺錢時間，而是他們在一週後課堂展示的 3 分鐘。史丹福大學作爲一所世界名校，不僅學生擠破頭想進入，企業們也擠破頭希望在裡面招生打廣告。這個團隊把課堂上的 3 分鐘賣給了一個顧問公司，讓他們打招聘廣告。就這樣簡簡單單，3 分鐘就賺了 650 美元。

令人驚奇的是，所有掙到最多錢的組別，幾乎都沒有使用教授給的啟動基金5美元；因為他們意識到，當你把眼光侷限於這5美元時，你將會減少很多的可能性。5美元基本上等於什麼都沒有，所以他們跳脫這5美元之外，考慮了各種白手起家的可能。他們努力觀察身邊有哪些人們還沒有被滿足的需求。透過發現需求並嘗試解決，前幾名的隊伍在2個小時之內賺到了超過600美元，5美元的平均回報率竟然高達4,000％！好多隊伍甚至都沒有使用他們的啟動基金，這麼看來他們的投資回報率就是無上限的！

　　這個實驗給了我很大的啟示，當所有人都關注在僅有的5美元時，要如何想的跟別人更不一樣呢？重要的不是我為什麼來念體育，而是我已經念體育了，怎麼辦？所以，重要的不是發生什麼事情，而是你怎麼回應這件事。想的更深一點，可以這樣問自己：如果我一無所有，那我可以做些什麼？如果我一無所有，但又一定要去做某件事時，那該怎麼辦？

　　所以，有5美元到底是幫你？還是害你？當你認為自己什麼都沒有、什麼都無法選擇時，到底是幫了你？還是害了你？

　　我的答案是「都有可能」，就看你是怎麼去面對它。因為這個關鍵的想法幫助我跳脫現況思考全局，如果問題終究會在，那我可以做些什麼？一個沒有運動專長的人來念體育，出社會又可以做些什麼事呢？感謝這些內在的反思，它幫助我思考自己的有限，也因此更快達到很多人渴望的目標。我因為沒有專長，所以在大學時除了體育課程外，更修習了運動傳播企劃相關課程，奠定了我從事媒體與做節目的基礎；我擔心跟不上別人，因此提前在學生時期考取了7張證照，而且都是學校免費補助（其中包含國考的領隊、導遊跟PMA專案管理證照）。我廣泛的參加學生會、畢聯會、學生議會、管理學生宿舍，不但跟學校老師關係很好，也結識了人脈、連結了友誼，這些體育圈的朋友都是現在我廣播節目的座上嘉賓。我利用在學校的機會跟資源免費出國了六次，並且參與計畫實習，提前到電臺、電視臺觀摩與製作作品，其中有五部作品獲全國性獎項，還因此推甄上了臺藝大傳播學院圖文傳播藝術系碩士班。

　　如果我現在問你，沒有任何運動專長，到臺體大是限制了我？還是幫助我？你會怎麼回答呢？

我從自己的例子回頭思考生涯選擇這件事情。中國游泳選手，「洪荒之力」姐傅園慧，曾在她生日時於微信朋友圈分享說：「競技體育很殘酷，不要以為運動員就是四肢發達、頭腦簡單，每天不停的增強自己的力量和身材就能拿冠軍。因為這樣的人早就已經被淘汰。只有最聰明、最凶狠、最能吃苦並且持之以恆的人，才能走到體育界的頂端。」運動員既聰明、能吃苦、高抗壓且遇挫折後復原力超強，而且又能持之以恆貫徹任務，是公司最愛的員工，但怎麼會面臨到生涯選擇的壓力與困境呢？

　　其實運動員不會與職場脫節，而是他們不願意把自己會的能力打碎重組。關鍵是運動員放不下過去的光環，因為過去的光環是他的全部，但是當離開體育圈，走入職場環境有不同的遊戲規則，守著過去的思維與價值沒有轉換升級，當然就會跟職場脫節。這種跨領域的轉換，關鍵在於要掌握可以軸轉的核心能力，以及確定標的後，要有打破自己、重生更新的信念與決心。轉變的過程肯定是痛苦的，像是蝴蝶破蛹，要全然的更新，擁有新的身分、新的眼光、新的看世界的角度，你必須要重新的認識自己，並且承認過去的自己不足，才有可能更新。

　　體育人其實有太多的舞臺，運動員的人生是簡單且有力量的，因為我們可以自我超越。當我們更認識自己要的是什麼，外面的干擾就會減少，困難就會變得簡單多了，只要你願意，先破碎自己。

操作練習

人多的地方不要去

聽起來這篇章節好像是個激勵人心的雞湯文，但我這碗雞湯可是有附上勺子（方法）的唷！「選擇」這檔事本來就說不準，沒有固定的方法，但是有可以依循的理論原則，但請切記：**勇敢選擇，不要害怕失敗；因為失敗的意義不在於限制你，而在於啟發你。**每一件事都有存在的理由，失敗也是。我從失敗中學到什麼？我做出此選擇的理由是什麼？選擇的關鍵從來就不在答案是什麼，而是你開始嘗試了嗎？很多時候我們其實不是不知道自己要的結果是什麼，而是不敢去想，甚至不敢要。因此愈來愈沒有動力，覺得走不到，也害怕走錯，導致駐足不前。

既然如此，那我為什麼不要放棄呢？因為只有放棄過去的自己，才能擁有下一個開始。我們永遠不會知道自己現在走的每一步是對或是不對，那我人生的意義到底是什麼呢？原來生命最重要的關鍵就是意識到，我的時間是有限的。當我覺察到自己人生有限的那一刻，我就知道自己存在的理由。

提供三個我自己在思考生涯時的好用原則，供各位參考。

原則一：好的選項該為你帶來更多機會，而不是讓你的選擇變少。算錢大家都會，但人生選擇也是要經過計算，算算看你的不同選擇需要耗費哪些有形的成本（金錢）跟無形的成本（投入的時間、積欠的人情跟機會成本）。人生選擇其實就是報酬與成本的考量，會是非常實際的計算方式。

原則二：在選擇初期做一些小實驗。想想設計師與工程師們，他們在開發出一臺新車或機器時，不會馬上就讓它上路，而是會在一個傷害風險比較低的地方做一些小測試，測試它的安全性、機能是否符合預期。人生的規劃也是，我們可以對自己的職涯設定一些小目標，並且嘗試往那些方向前進。可以是科系的選擇、可以是職場的轉換，透過累積小成功的機會，也允許自己偶爾碰壁失敗，在失敗與成功的交疊中，累積前進的動力與選擇的決心。

原則三：如果是我心目中的偶像○○○，他會選擇什麼？這是一個想像題，可以先把恐懼與擔憂放在一邊，想想如果是我心目中的大神（可以是知名選手林書豪、企業大亨馬雲、精神領袖耶穌等），他在我這個年齡時會怎麼做選擇呢？關鍵是思考他選擇的路徑，想想他的人格特質與自己有哪些不同？問自己，如果有機會再重來一次，會做同樣的選擇嗎？

　　當然，以上原則都是給個人自己問自己時的思考原則，如果你有機會遇到身邊的好朋友協助你，透過詢問良師益友，或許也會得到良好的建議唷！不過要知道，在這個世界上沒有所謂最偉大的生涯規劃，只有持續不斷的前進，嘗試犯錯，而其中精髓在於完全投入並且予以修正，持續投入並再次修正，直到達到想要的目的。

　　換句話說，關於生涯選擇，不是找到一件事情就靠它吃到老，而是找到一件到老也想奉獻投入的那件事，或許就是了。

運動員選書

《身心合一的奇跡力量：體壇頂尖選手在巔峰對決中制勝的心理秘密》

在高水準的比賽中，雙方都是高手，旗鼓相當，是什麼因素決定誰將最終獲勝呢？美國運動心理學第一人、教練技術的先驅提摩西·加爾韋，將他30年來致力於探索體壇頂尖選手最終制勝的心理祕密，在這本書中告訴你。

他發現，賽場上的選手在進行激烈的外在比賽時，內心還進行著一場內在比賽，內在比賽要克服的目標，就是心中的負面心理習慣，正是這些習慣的選擇，讓選手與勝利失之交臂。心魔才是致勝最大的障礙。要想贏得比賽，祕訣就是不要過於執念，如果選手能夠克服內在障礙，身心合一，就會產生真正的求勝欲望，釋放全部能量，實現驚人的突破。提摩西·加爾韋據此發展出一整套贏得內在比賽的訣竅，提供給頂尖的運動員參考。

原文作者：提摩西·加爾韋（W. Timothy Gallwey）

譯者：于娟娟

出版社：華夏出版社

什麼是奧林匹克教育？

曾荃鈺、柯佳伶、梁生永

曾荃鈺

中華奧會教育委員會委員，全國廣播「空中荃運會」體育節目主持人（入圍兩屆金鐘獎），臺灣體大與北市大兼任講師，英國博贊亞洲華文心智圖法輔導師，業餘三鐵選手。

專長：口語表達、視覺圖像紀錄、心智圖法、生涯規劃、奧林匹克教育。

柯佳伶（Kathy Ko）

臺東專科學校體育老師。

梁生永

馬來西亞柔佛州居鑾中華中學體育老師。

昨天，你帶著悲傷又困惑的心情來找我，即使你已經因受傷休息了兩個月有餘，你對自己要不要練下去存在著許許多多的不解，缺乏資源與企業贊助，合約取消，你被迫要自己更加獨立。

這些過去你從未想過的事情，瞬間落到頭頂，你問自己要不要繼續撐下去？你心裡破口大罵，罵協會的矯情、罵贊助商的勢利，但也隨著你的語音落地，憤怒情緒過去，放下對受傷的恐懼，轉而思考自己下一步要去哪裡。

「我為什麼要練這項運動？如果當初沒有開始，會不會比較好？」

我望著你，這真是一個人生的大問題。細細數算，你練運動也已經過了十個夏季與冬季，如果練這項運動真的沒有任何意義，那我們這樣的辛苦又何必？

我從何處來？我是誰？我又要往何處去？

1897 年，法國畫家高更（Paul Gauguin）畫了一幅名為「我們從何處來？我們是誰？我們往何處去？（Where Do We Come From？ What Are We？ Where Are We Going？）」的畫。我第一次見到這幅畫時，心裡想，會幫自己的畫取這麼一個嘮叨名字的人，肯定是個愛說教的傢伙。心裡的偏見擲地有聲，卻也因此錯過了問自己這些問題的時機。

無獨有偶，早在兩千多年前，希臘哲學家柏拉圖借「洞穴之喻」，來譬喻人類的處境時，跟這幅畫的名字所提出的疑問也有相關。柏拉圖認為，人類的處境，其實很像是住在黑暗洞穴裡的人，伸手不見五指，只能靠著洞外微弱的光，才能看見事物的樣貌，柏拉圖認為住在洞穴裡的人，看到的事物只是洞穴外投射進來的影子。

只可惜，大多數人都滿意活在這些「影子」的生活中，他們認為所有的世界都是黑色的大小影子，影子就是世界的全部；而事實只有爬到洞外，才會明白洞穴中的陰影。過去我們所建構的一切認知都是錯誤的影子，但洞穴人又豈能接受這些呢？

這個生動的譬喻，像極了人類求知、探問自我的過程。畫家高更就是在他生活困頓、病魔纏身、女兒死去的生命轉折點上問自己：「人的一生就是這樣的過程嗎？人死後究竟要往哪裡去？在生死之間又是怎樣的價值存在呢？」但是高更這幅畫，有給我們答案嗎？

你肯定是個愛問問題的選手吧！你有浪漫的追求，對於世界伸出好奇的手，但是你卻不明白，所有的問題問到最後，幾乎就是高更這幅畫所提出的：「我們從何處來？我們是誰？我們往何處去？」可是，有可能在你還沒能思考到這個層次的時候，你就已經不再問為什麼了。因為繁重的課業、訓練的壓力、不間斷的比賽、感情的困擾……，因為現實的迷惑纏繞，讓你逐漸失去思考運動員這個角色最核心價值的本能，忘記思考身為人的生命意義。

如今，意料之外的受傷，打亂了你生活的節奏，卻也逼著你不得不去思考這些問題！而你自己也明白，若不是有這樣的意外，恐怕對這樣的問題也不屑一顧吧！

奧林匹克教育總是在失敗時第一個被提起，順遂時第一個被拋下的東西

就像你一樣，全臺灣的體育從不認為奧林匹克教育有何意義；它會比運動生理學、心理學重要嗎？它會比國、英、數重要嗎？失敗就失敗了嘛！何必浪費時間討論一個結果已經不能改變的東西呢？這樣的老生常談，我知道又或不知道，能夠改變些什麼呢？

你會這樣想，很可能是因為你的人生中，至今為止還是一路平順、無慮無憂；但也可能是貧乏的、沒有深度的，因為我們往往都在失去時，才會明白活著的可貴與存在的價值。在苦難與磨練中，才能得到真正的成長，並且豐富生命的意義。

讓我們把時間倒退 2500 年，有一位古希臘知名的哲學家、詩人、社會史學家及宗教評論家名叫色諾芬尼（Xenophanes），在大約西元前 525 年寫下了一首詩，表達出對於運動員的諷刺：

「……即使一個男人在奧林匹亞的宙斯神殿前獲得勝利，或是各項運動、從對手手中、或是得到有價值的財富、位高權重，一個運動員就算擁有了全部這些，他仍然不會像我一樣有價值。因為我的智慧比人或馬的力量更好。過度重視力量展現而忽略智慧思想，是愚昧也不公正的。因為對一個城邦來說，擁有一個優秀拳擊手、摔跤運動員、或優秀跑者，這個城市並不會更加守法、更沒有辦法填補州內的金庫……。」

「……我看見，在希臘存在的成千上萬的邪惡中，沒有比運動員這個種族更大的邪惡。首先，他們無法正常生活或學習。而且這些運動員們無法忍受貧困，也無法管好自己的財富。由於他們沒有養成良好的習慣，因此總是會不斷面臨到困難的問題。當他們處於鼎盛時期時，他們會像城邦國家的雕像一樣閃閃發亮，但是當他們痛苦的衰老時，就像破爛的舊地毯，令人鄙夷。

為此，我責怪希臘人的習俗，他們聚集在一起觀看運動員，為無緣無故的快樂而得到一個完美的藉口。透過贏得摔跤、快速的奔跑或投擲一個磁盤、或是在對手的下顎來一記上勾拳，但是他曾為他父親的城市做過什麼樣的辯護嗎？男人難道能夠透過投擲手中的磁盤發動戰爭嗎？還是用拳頭穿過盾牌來保衛祖國、驅逐敵人呢？當他站在敵人的鋼鐵面前時，沒有人會這麼做的。

我們寧願成為善良的人和智者，成為領導城邦公正的人，用言語引導我們的人避免邪惡的行為、戰鬥與內亂，這才是使每個州和所有希臘人都受益的事情。」

2500年前，這些具有思想的雅典人，站在奧林匹克發源的聖地奧林匹亞，提筆寫下對運動員失去價值的警語，沒想到一語成讖，與現代奧運會面臨的問題儼然相同，古奧運的衰敗就是從運動價值的蕩然無存、貪腐賄賂及沉迷金錢、權力消逝的，那現在呢？

人一生追求意義與價值是很自然的一件事情，尊重、和平、卓越、善良、勇敢的精神追求，值得我們努力一輩子。只可惜，當運動已經窄化為贏得獎牌、打倒對手而已；當政府大力鼓吹要當臺灣之光、國民英雄卻

忽略長期規劃時；當廣設體育班宣揚體育、用高額獎金收買選手；當運動職業化、選手出場費愈來愈高；你就會注意到，我們已經與運動的核心價值漸行漸遠；當享受比賽、連結友誼，與對手彼此尊重、追求卓越愈來愈遙不可及；當運動缺乏這些奧林匹克的精神、美德時，金錢、權力、地位都只像是華麗的泡沫，把選手包圍起來，一旦被戳破，將被批評的體無完膚，這多矛盾呀！我想身為運動員的你，也深深感受到了吧！

如果你被問到：「當運動員，你對社會的貢獻是什麼？」你會有怎樣的反應呢？是成為臺灣之光嗎？是被媒體吹捧成臺灣英雄嗎？運動員的一切努力到底終究是為自己的飯碗，還是能夠對社會有貢獻呢？

奧林匹克精神與我無關吧！

運動場其實是社會投射的縮影，民眾把自己對於運動的熱愛投射在運動員身上，在網路上轉貼、留言、分享，更激烈一點的會賭博、下注；說得更直接，運動員的形象是社會大眾合作產生的。

60 年代中華民國與美國斷交時，臺灣社會陷入空前的低迷氣氛，但從少棒在美國揚威國際，臺灣的社會又重新燃起希望。這一群小小運動員，凝聚起全民的愛國意識，提升了棒球運動的風氣，讓政府視棒球為臺灣「國球」，讓企業界願意提供資金投入職業棒球，也讓運動迷在觀看棒球比賽時實現未能完成的夢想，能夠被世界看見。所以，運動員存在的價值在於能夠促進運動正向的發展，凝聚社會向心力。

但是當運動員相信了他是要符合社會期待的價值，他的一舉一動就活在社會大眾的眼光底下，他會忘記，當初自己為什麼來到球場上？他會忘記，我現在是在為自己打球、為家人打球，還是在為球迷打球？心理學大師阿德勒曾說：「你不是為了滿足他人的期待而活，而別人也不是為了滿足你的期待而活。」不要在意他人的評價，也無須尋求他人的認同，去思考、去接納自己的樣貌，你唯一需要取悅的人，其實就是自己。

宮崎駿經典動畫電影《神隱少女》中的主角千尋，因為父母被湯婆婆抓住變成豬，迫使她必須要留在湯婆婆身邊工作好找機會救出父母。在簽署工作契約時，湯婆婆用法術把千尋的名字奪走，讓她改名叫小千，試圖

讓她忘記自己的名字，進一步就可以支配千尋。好在，白龍提醒千尋，千萬不要忘記自己的名字，因為你如果忘記了，會找不到回家的路⋯⋯。

當一個人忘記自己的名字，只剩下工作職稱、頭銜、表現時，就會忘記我們還可以做到更多，也會忘記自己來到世上的目的。

我是誰？這個名字背後又代表什麼？不管我們是什麼樣子，都是獨一無二的自我，沒有任何答案是錯的，也沒有人可以否定任何獨立個體的存在。就像是美國田徑選手 Jesse Owens 曾說過的：「在運動競賽中，人們學到的不僅是比賽，還有如何尊重他人、生活倫理，如何度過自我人生及如何對待自己的同類。」能有這樣的意識，因為他不是把自己用比賽的成績相稱，而是讓自己專注在尋找自己的最大貢獻。這時候，你將會發現，縱使外在資源雖有限、有壓力、有困難，但是你內在的潛力卻是無窮無盡，很多限制會因此打開；這不是世界改變了，而是你看待世界的眼光改變了，世界也就因此變得不同。

奧林匹克教育不是教導知識，而是帶給你一個新的眼光

運動員是人，是人就會死，因此能夠讓運動員不朽的，其實是奧林匹克精神。運動員的全力以赴、勇敢善良、友誼尊重、關懷憐憫，是讓運動員的意志持續傳遞的火炬；換句話說，因為運動員肉體生命的有限，運動選手在場上表現的時間有限，因此讓我們更能夠感受到運動員的努力付出、珍惜時間、善良勇敢，所以討論**奧林匹克精神教育的真正關鍵價值在於如何把握時間**，因為在退休之前、在生命終了前，活躍在螢光幕前的運動員們到底可以留下多少的價值？我可不可以消除恐懼，全力以赴？我能不能盡力用心的忘記時間的存在，而做好該做的每一件事？運動員對於時間限制的體認，將會為我們的行為做出最好的處置。

把握時間，做好生涯的策略規劃與思考，這是奧林匹克教育的精髓。為什麼色諾芬尼可以稱呼自己更有智慧呢？因為他為社會發聲、為社稷貢獻，因為他思考，他在乎於生命流逝後能夠留下些什麼？這也是身為運動員的你應該要好好思考的。我想提醒你的是，人是唯一知道自己終將死亡的生物，也是唯一有可能超越死亡的生命。

奧林匹克教育是運動員活著的深切提醒，它提醒運動員，因爲時間有限，獎金、獎牌終將成爲泡影。所以我們更應該要把握當下，甚至珍惜付出一切，留下典範。學習奧林匹克教育，其實是在學習一個新的眼光，重新領受自己新的身分意義，重新感知生活、感知對勝利的解釋，重新活在每個活著的當下。

　　我想對你說：運動員是你生命角色的一部分，卻不是你生命的全部。因此運動角色的殞落並不等同於生涯的結束，如果你留有奧林匹克的價值精神，逝去的那一部分將會成爲你生命中一種深刻的督促，督促你認眞的轉換賽道、認眞的做出選擇、認眞的活在當下、認眞的活出生命的精采。

　　那個督促，就是奧林匹克精神的核心；而你，在踏實的未來生活中，就將自己給超越了。

　　你可以的，孩子！

曾荃鈺
2019 年 8 月

走一條不一樣的奧林匹克之路

柯佳伶

國小、國中

在國小的一場運動會中，我曾拿下了女子組 100 公尺的第 1 名，從此，我愛上了體育。一次田徑比賽結束後，校隊教練看了我的表現，問我願不願意參加田徑訓練？我不加思索，點頭答應。此後，便開始了我的體育生涯。

國小三年級，我加入體育班，夢想是參加奧運會，於是開始練足球。3 年之後，我們學校成立了第一支田徑隊；而同時，田徑教練也希望我參加田徑的訓練，由於兩項練習時間不衝突，因此我也成了田徑隊的一員，並開始了豐富的體育生活。這樣的時光匆匆流逝，轉眼，我從國小畢業了。

持續不斷的體育訓練，但媽媽卻不放棄我的課業，每天放學之後，都幫我安排了課程。但那時的我真的很不懂事，成績因而一落千丈，國三基本學力測驗之後教練建議我報考高中體育班，後來，考上了左營高中。那時國家隊的教練正在左中任教，我聽從教練的指導，考上了現代五項（馬術、游泳、擊劍、跑步、空氣槍）並在國訓中心開始訓練，覺得離奧林匹克運動會的夢想愈來愈接近了！

高中

那年的暑假便開始訓練，一直到九月開學。我因為訓練，所以九點到校上課便可；到下午二點，便又得返回國訓中心練習。那時的我，功課自然差強人意。但滿懷奧林匹克的夢想，讓我每天都充滿希望！

這樣的日子持續到隔年二月中，在某一天清晨的晨操時突然膝蓋劇痛，於是教練叫我去看醫生，先去看骨科，醫生說骨頭沒事，但過了幾個

星期狀況還是沒有好轉，於是去照了 MRI（核磁共振），報告出來是半月軟骨破裂，當時奧林匹克夢想好像離我愈來愈遠了。之後左中體育班的學長、學姊考完學測放榜，平均 10 幾級分，我心想這種分數可以上什麼學校？不是他們不好，而是我真的可以練體育練一輩子嗎？因為體育人的運動生涯都有結束的時候，況且現在半月軟骨破裂，醫生說要休息一陣子，但休息的日子愈來愈久，我的心就愈惶恐。如果我把體育從日常生活拿掉，我還會什麼呢？第一次真正為自己的前途感到憂心。

那時的我頓時恍然大悟：原來光是勤練體育是難以保障自己的未來，讀書，竟是那麼的重要！

因而跟教練討論，最後，決定走一條自己的路。我便痛下決心，揮別以體育為主的生活，並在那年的四月分，重新報考基本學力測驗，考上了高雄市立海青工商綜合高中部。但心裡的奧林匹克夢想，還是一直存在心中。

這是我自己的選擇，加上考取不易，我比一般同學更珍惜在一般班級上課的機會。求學期間，我總是每天清晨五點起床去附近泳池游泳復健，回家休息後用過晚餐，再去圖書館讀書讀到閉館。

經過這樣的自我鞭策後，從剛開始的課業跟不太上，到之後幾次段考完後，最好的一次竟考了全班第一名！也在海青領了三年獎學金，我一直都過著規律的生活，雖然短暫放棄了體育，但在一般的班級中，我卻學到了更多的東西，但心裡對體育的熱愛並不稍減，我絕不輕易放棄自己的理想及夢想：當偏鄉體育教師。會有這樣的想法是因為國小、國中常到花東比賽，並進行交流住在花東一星期。當時感受到——天啊！為什麼西部有的東西和資源，花東都沒有呢？

大學放榜我考上了彰化師範大學體育系，現改為運動學系，我思考到要當一個好老師需要哪些條件？於是告訴自己要努力和充實這大學四年，好好充實自己，因為我不是為自己一個人而努力，而是為了之後的學生而努力！老師的言行舉止、價值觀是可以影響學生。相信生命是可以影響生命的，於是大學時積極參與任何的活動、研習、體驗，直到參加到奧林匹克研討會找到了可以教學生的核心價值：奧林匹克精神。

大學

大一：積極參與服務及學習

　　由於擔任愛校服務小組長負責系上所有服務的責任，讓我深刻的體悟到必須事事考慮到不同的立場，與每個人的個性差異，更須傾聽不同的意見，來負責協調讓系上服務學習能夠順利的進行。除了忙於課業方面，也去參加學校舉辦的各式各樣的演講。參加了 EndNote 書目管理軟體如何操作和運用，覺得這對於未來論文的資料蒐集和統整很有幫助；也持續不斷每天在語言中心做 1 小時的英文口說學習。

大二：有計畫的培訓與挑戰自我

　　除學習課業外，覺得好像無法滿足我的學習欲，於是報名了亞太事務青年培訓營。第一次讓我感覺到人外有人、天外有天，很多菁英在一起讓我覺得自己真的很渺小，可以學習的事物還很多。例如：參加臺灣服務科學學會舉辦的服務人文體驗營，讓我學到勇於突破自己的極限，挑戰自己的不可能，有時嘗試後發現原來沒有想像中的難；也和營隊的夥伴一起去偏鄉服務，從寫計畫開始到完成，我們整組一手包辦，過程是很艱辛的，但學到很多實務和學校沒有教的東西。不一定要等到成功才開始回饋社會，有時小小的改變和舉動也會讓社會更美好與溫暖。例如：參加 2011 年體育運動學術團體聯合年會暨學術研討會，讓我看到論文發表情形、聽到很多學術專題演講、圓桌論壇，聽完收穫很多也覺得對學術真的很有興趣，期許自己在未來幾年內也要發表論文。另參加 2012 年兩岸體育行政及婦女體育研討會，藉由中國的體育高層分享體育資源能讓我省思，也藉由考取體育相關證照可對上課所學與教學再次複習和學習。

大三：擔任教學卓越計畫研究助理、中國參訪團臺灣學生代表與參加奧林匹克研討會

　　大三是大學以來非常充實的一年，從大學開始就閒不下來，我非常喜歡學習的感覺，也因為外婆的突然去世讓我體會到生命的無常。所以我想把握每一天，把每一天都當作人生的最後一天在過，主任也詢問我意見是

否擔任教學卓越計畫研究助理，我不加思索的馬上答應，因為這是很好的學習機會。也參與甄選選上中國參訪團於暑假去北京，讓我看到北京大學學生學習的態度與不同文化產生的不同衝擊。回來之後參與教學卓越計畫的偏鄉服務教學擔任體育老師，提醒我社會還有這群需要幫助的人，唯有教育可以改變他們，讓他們有更多的選擇機會。之後參加第 34 屆奧林匹克研討會，讓我學到與體育相關但學校又沒有教的課程與精神。最重要的是，發現奧林匹克夢想不一定要真正的參與比賽，而是可透過不同方式來圓這個夢。所以更想投入奧林匹克這個大家庭，希望以奧林匹克經驗分享與課程方式教育我未來的學生。因為奧林匹克精神已經內化在我心中，讓我對現在有一定的影響，並期許自己內心小小的種子可散播到各個角落，讓更多人知道奧林匹克的真、善、美。

大四：持續不斷的課業、語言和馬來西亞奧林匹克青年營學習

系上課程修的差不多時，有更多的時間選擇自己喜歡的課程，於是這學期旁聽了很多教程的課和外系的課，如國際關係、中華民國憲法等；也報名了語言中心的英文會話班，增加自己英文的能力和外校的多益課程。再次參加奧林匹克研討會回去充電與學習，也報名了 2012 年的體育運動學術團體聯合年會暨學術研討會，希望更增進自己的學術能力。但影響我最大的是參加馬來西亞奧林匹克青年營，讓我知道還要學習的地方很多。世界是那麼的大，自己是那麼的渺小！

體育課融入奧林匹克教育：以奧林匹克教育融入學生的日常生活中

擔任高中體育課的老師，設計一本屬於高中生的奧林匹克教材，並於體育課來實行。融入認知、情意、技能、行為，希望貢獻己力讓奧林匹克教育能讓更多人知道，並影響更多的人。

東商老師柯佳伶 推展奧林匹克教育

記者蕭道田／報導

七十九次的台東高商體育老師柯佳伶，國小到高中就是奧運的儲備選手。原本可以成為奧運現代五項的選手，完成她參加奧運的夢想，但在性生家庭破碎，但生性樂觀的佳伶開始轉往教職，努力考上彰化師範大體育系，目前任教於台東高商，她希望近期推動「奧林匹克教育」。她說，「推動奧林匹克教育」一切的辛苦都是值得的。

柯佳伶說，她任教期間發現許多台東許多孩子都是偏鄉弱勢，行為有些許偏差，有些孩子不是很喜歡唸書，她認為透過奧林匹克運動的想法，再來評斷，讓孩子的想法受「愛的教育」，透比貧黑的教育來得有用。現在學生的笑容變多了。跟她就像是朋友一樣，無話不說了。

「分享快樂與痛苦」柯佳伶說，她想培養團隊精神，讓孩子有友情、有愛，一起打拼，要一起跑，一定要發揮團隊精神。一個人跑可以跑得很快，但一群人跑可以跑得很遠，但是知道的人卻很少。

柯佳伶推動三十多年，奧林匹克教育在台灣已經推動三十多年，可是知道的人卻很少，目前她感謝校長及各單位的支持。

「很感謝校長及各單位的支持，讓他們能夠未來推動「奧林匹克教育」，未來她希望更多的學校及單位能再推導正學生的的精神與態度。

圖：台東高商體育老師柯佳伶（右三）推動「奧林匹克教育」，用正面的能量來導正學生的的精神與態度。（記者蕭道田／攝）

幼兒遊萬聖節 行東檢（署）

記者蕭道田／報導

臺東縣立新生幼兒園帶領大家耳目一新，幼兒迎接萬聖節到來，並且安排參訪臺東地檢署，將透過教學帶進地檢署，而臺東地檢署亦藉此機會，臺灣臺東地方法院向小朋友們介紹檢署之功能，並帶領學童參觀檢察官、書記官、法警以及拘留偵查庭上之職責，認識檢察官、書記官、法警以及羈押偵查庭，並且讓同學們穿戴法警，及培養成守法習慣，這次活動則是「給你糖吃不搗蛋」，由小朋友發送糖果給民眾，讓大家都能共享歡樂，而小朋友扮的裝扮更是別出心裁，有恐龍、航海王、冰雪奇緣、小美人魚、復仇者聯盟，頓時引起高人氣，體驗偵查庭之氛圍，及早養成守法的超萌，將至臺東地檢署，藉由小朋友們的超萌人氣，反映起一起拉起社會大眾宣導乾淨選風之重要性，更浮現風之重要性。

參與奧林匹克研討會經歷

　　自 2010 年的暑假開始，我第一次在臺灣參加第 33 屆國家奧林匹克研討會（National Olympic Academy，簡稱 NOA），四天三夜在中國文化大學舉行，那時候的我抱著好奇心而報名 NOA。中華奧會 NOA 由湯銘新教授創立，首屆在 1978 年於南投日月潭教師會館舉行，另其在全球 205 個國家及地區奧會當中，排在第四個成立 NOA。其活動形式包括學術演講、運動 Fun 輕鬆、奧林匹克交流分享、奧林匹克之夜及小組成果發表等，然而參加 NOA 結束後的學員可申請參加甄選國際奧林匹克研討會（International Olympic Academy，簡稱 IOA）。在活動過程中不只是提升自己對奧林匹克的認識，也在五環的力量下認識了許多來自全國，還有海外志同道合的朋友。主辦單位依照各個學員背景、經驗分派到不同的小組來更加認識彼此，了解對方的背景與相互分享課程中所學到的知識。該活動設定每一個組員都需要在第四天參與成果發表，也因此該組組員們多次的討論與溝通，最後我們都達成所要呈現方式的共識。在這個活動當中，我不僅更加認識奧林匹克的價值所提倡的卓越、友誼及尊重，也提升了我的表達能力，同時學習同儕如何互相合作的模式。親愛的好朋友，不論你有沒有體育運動相關背景都歡迎你來參加。中華奧會將會在每一年的暑假辦理 NOA 喔！記得把時間撥空出來，帶著奧林匹克精神走得「更快」、「更高」、「更強」。

梁生永歷年參加 NOA 表

年分	主題	地點	參加人數	職位
2010	第 33 屆奧林匹克研討會——奧林匹克主義 特別研討主題：奧林匹克與永續環境	中國文化大學	70 位	學員
2011	第 34 屆奧林匹克研討會——奧林匹克主義 特殊主題：運動與環境保護＆奧林匹克運動會的功能與困境	北臺灣科學技術學院	119 位	學員

年分	主題	地點	參加人數	職位
2012	第35屆奧林匹克研討會——2012年倫敦奧運會的奧林匹克活動發展	國立體育大學	86位	學員
2013	第36屆奧林匹克研討會——奧林匹克傳承——透過青年賦予奧林匹克主義新活力	臺北市立大學天母校區	133位	青輔員
2014	第37屆奧林匹克研討會——尊重奧林匹克多元價值	桃園龍潭渴望會館	120位	青輔員

梁生永（左三）參加第37屆由中華奧會所舉辦的一年一度奧林匹克研討會

國家圖書館出版品預行編目（CIP）資料

奧林匹克素養教育：成功運動員與教練 ／ 家
長輔導手冊 ／ 許立宏，曾荃鈺主編. -- 初
版. -- 臺北市 ： 五南，2020.06
　面 ； 公分
ISBN 978-986-522-003-7(平裝)

1.體育教學 2.奧林匹克運動會 3.文集

528.9207　　　　　　　　109005663

1I3C
奧林匹克素養教育
成功運動員與教練／家長輔導手冊

主　　編 ─ 許立宏（235.3）　曾荃鈺

發 行 人 ─ 楊榮川

總 經 理 ─ 楊士清

總 編 輯 ─ 楊秀麗

副總編輯 ─ 黃文瓊

責任編輯 ─ 陳俐君、李敏華

封面設計 ─ 姚孝慈

出 版 者 ─ 五南圖書出版股份有限公司

地　　址：106臺北市大安區和平東路二段339號4樓

電　　話：(02)2705-5066　傳　　真：(02)2706-6100

網　　址：http://www.wunan.com.tw

電子郵件：wunan@wunan.com.tw

劃撥帳號：01068953

戶　　名：五南圖書出版股份有限公司

法律顧問　林勝安律師事務所　林勝安律師

出版日期：2020年6月初版一刷

定　　價　新臺幣330元整

◎本書內文照片由作者提供。

經典永恆・名著常在

五十週年的獻禮——經典名著文庫

五南，五十年了，半個世紀，人生旅程的一大半，走過來了。

思索著，邁向百年的未來歷程，能為知識界、文化學術界作些什麼？

在速食文化的生態下，有什麼值得讓人雋永品味的？

歷代經典・當今名著，經過時間的洗禮，千錘百鍊，流傳至今，光芒耀人；

不僅使我們能領悟前人的智慧，同時也增深加廣我們思考的深度與視野。

我們決心投入巨資，有計畫的系統梳選，成立「經典名著文庫」，

希望收入古今中外思想性的、充滿睿智與獨見的經典、名著。

這是一項理想性的、永續性的巨大出版工程。

不在意讀者的眾寡，只考慮它的學術價值，力求完整展現先哲思想的軌跡；

為知識界開啟一片智慧之窗，營造一座百花綻放的世界文明公園，

任君遨遊、取菁吸蜜、嘉惠學子！